重設
戀愛腦

陸琪——著

認清自己，才能好好愛人

我做了十二年的兩性關係研究。

直到今天，我都還記得第一次收到讀者發來的求助信。

求助者是個尚不到十九歲的女孩，已經為男朋友墮胎好幾次，她最後一次懷孕去醫院時，是被男朋友的母親帶去的。

醫生說，如果再墮胎，很可能以後都無法懷孕了。男朋友的母親聽完這句話，立刻就帶著兒子離開了，邊走邊說，自己家可不能要這種懷不了孕的媳婦。

那女孩哭著寫信給我，問我該怎麼辦。

有人問，你是一個男人，為什麼要去研究愛情？其實就是源於這封信。

我當時在回信裡，問了她很多問題。

　　你為什麼會愛上這樣沒責任感的男人？這麼小的年紀，為什麼要住到男生家裡去？難道你不知道對方父母是怎樣的人嗎？難道你不知道要保護自己嗎？

　　我問得義正詞嚴、理直氣壯，但很快就發現，這類提問是全然無效的。

　　因為她的回信只有一行字：「老師，我也控制不了自己呀。」

　　愛情到底是什麼呢？

　　文藝一點來說，愛情是兩個靈魂之間的雙向奔赴。但這句話除了麻痺人的精神，在出現問題後卻沒有什麼用。

　　傳統一點來說，愛情是兩個人準備組成抵禦社會最小的風險結構——「家庭」，而進行的相互篩選。

　　從認知科學的角度來說，愛情是一系列神經遞質的作用，是正向情緒和負向情緒的相互組合。

　　而前幾年，我在講瑞蒙‧卡佛的《當我們談論愛情時我們在談論什麼》時更是直接了當地說，愛情是一種病，是一種我們無法自控的病症。

　　歷史上，擺脫封建禮教的束縛以來，人們在感情上能夠自由選擇，到現在已經有一百多年。

但我們的自由選擇，真的是實質上的自由選擇嗎？我們選擇的是讓自己幸福的生活，還是讓自己的情緒獲得短暫平復？

從去年開始，我每天做兩性關係線上諮詢，試圖平復更多人因為感情波折而帶來的痛苦。而洶湧而來的電話，讓我和團隊措手不及。

我們可以輕而易舉地選出一百例愛上了錯的人，他們卻強行要挽回的案例。

我們可以輕而易舉地選出一百例因親人的影響，而隨意接受結婚對象的案例。

我們也可以輕而易舉地選出一百例在婚姻裡被精神虐待甚至被家暴，他們卻不敢離婚的案例。

這些都可以結集成一本《現代失敗愛情三百例》。

如果閱讀這本書，你會發覺，推演最近幾十年，我們在感情上遇到的問題，其實並沒有太多改變。母親曾經被家暴，女兒不敢離婚。父親離家出走，最後子女依然會找個渣女、渣男。

可見雖然每個時代都有自己不同的愛情觀念，但每個時代都有相同的感情問題。

這裡面，一定有某些核心規律，貫穿在一代代的婚姻家庭裡面，使得同樣的問題傳遞下來。

找到這種存在於傳統家庭裡的情感規律，是我這十幾年的主要工作。

每個時代都有自己做研究的方法。

最初幾年，我用累積案例的方法，在兩性關係的領域裡做了大量細節化的工作。不同的感情關係之下，不同的人物畫像以及不同的應對方法，已經把技術性的工作做得很詳細。

從二〇一六年開始，我帶著團隊開始不斷研讀認知科學的最新論文。我們決心從認知神經科學和認知心理學的角度來做兩性關係領域的應用。我們也是國內第一個這樣做的團隊，於是才有了算愛社以及數以百計的課程。

在這個階段，我初步形成了「情感模式」的理論，也就是每個人在日常生活裡和在情感連結裡，擁有截然不同的性格和人際交互模式。並且，我列出了「享受型」、「自虐型」、「掌控型」、「取悅型」四種不同情感模式。

這四種情感模式在兩性關係上的適用性，在這幾年被大眾廣泛認可。於是我們開始研究不同情感模式之間的選擇問題、改善問題以及痛苦脫離模式。

但在新的研究過程中，問題再度出現了。

近十幾年來，整個認知科學取得了巨大的發展，這也是我們做研究的理論基礎。

但我們發覺，近幾年尤其是認知心理學以及心理治療領域，都是由西方社會的專業人士主導的，而他們常年研究的案例，也都是

西方文化系統下的家庭。不管是對原生家庭的研究、對婚姻狀況的研究、對親密關係的研究，都是如此。

當我們利用這些理論來應對華人式的案例時，卻發覺存在很多的問題。

很快，我們明白這些層出不窮的問題是由兩種不同文化系統相互碰撞所引起的。

西方世界以邏輯理性為主，以個體為重，家庭與個體之間的尺度非常明確，核心家庭與親人族群之間的關係也很清晰。個體與個體之間的關係，個體與父母之間的關係，個體之間的親密關係、婚姻關係，都有著基本界線。

但在華人的文化系統之下，這種界線就變得很模糊。

這是因為我們的文化系統，是一種情感文化，是基於倫理和族群的文化。這種文化為我們帶來了強大的安全感，但同時，也讓人和人之間的邊界變得不明朗。

打個比方，有個女生說，她是強烈的「戀愛腦」，只要愛上一個人，就會義無反顧地對對方好，不僅會完全信任對方，而且還聽不進別人的勸告。結果呢，就是她一而再，再而三地被人騙財騙色。

最後，這個女生把問題歸咎於世界上的渣男太多，認為自己是「渣男吸塵器」。但她卻不明白，為什麼別人都能談好戀愛，渣男

卻只找自己呢？

如果從親密關係理論來看，我們可能會認為這個女生的激情和承諾過多，以至在親密關係裡，將戀愛對象過度理想化了。

這段話從理論上來說，完全正確，但在實際應用裡，並沒有絲毫作用。我們除了能教導女生冷靜理性，什麼都做不了。因為我們說不清「戀愛腦」出現的真正源頭，也拿不出行之有效的改善方案。

但如果將其代入我們的文化系統，一切都會變得很明瞭。實質上，這個女生一直「戀愛腦」而無法逆轉，是和她的原生家庭以及她一直以來的感情經歷有關的。

她身處在我們傳統所認為的一種「最好」的原生家庭裡，那就是父母無比寵愛，從小被周圍的人寵著、捧著，親戚朋友都把她當小公主看。任何事情都幫她處理好，從來不讓她受任何挫折。

父母把全部的愛都傾注在這個女兒身上，讓她感覺到，愛就是付出一切。於是她學會的愛，就只有一種，那就是「付出一切」。

在未來的感情生活裡，這種「付出一切」的愛，成為她定義愛情的標準，於是在交友或其他人際交往中，她形成了一套自己的情感模式。

這種情感模式來自原生家庭，也來自之後親密關係的不斷改善。而追根溯源，是來自父母和親族那種「付出一切」的愛。這是

我們傳統的家庭文化，在我們的家庭裡面，經常有一種黏稠的愛。**我們習慣性地認為這種黏稠的愛是至高無上的，但最後帶給孩子的，卻是對於愛的錯誤定義。**

大人過度的愛，導致了孩子對愛的認識全盤錯誤。

以上只是一個很簡單的例子，而事實上，在我們的文化系統裡面，這種獨有的愛的模式，除了不顧一切的愛，還有各種各樣的情感忽視、情感暴力、情感勒索等。

以愛的名義來行不愛的事情，以黏稠的鎖鏈式家庭結構，來干擾每個人的自由選擇，這種案例比比皆是，而這也是多數華人情感模式的形成基礎。

所以這幾年，我帶著團隊開始從華人傳統原生家庭入手，進行研究。

這是我們一個重大的研究方向的轉變。我們從以西方專家主導的認知科學的應用，轉向了東方文化背景下的原生家庭研究。

我們試圖從我們的文化裡找出不同情感問題的繼承問題、穿透問題和連鎖反應問題。

大家需要注意的是，我們從不認為西方文化系統是優於我們的。事實上，他們的文化系統也存在巨大問題，也會導致很大的社會問題。

而華人的家庭文化，帶給我們強烈的溫暖感和安全感。我們時常渴望安全，是因為習慣了安全或者在別人的生活裡看到了安全。我們認為付出一切的愛才是真愛，是因為感受過這種愛，或者認同這種愛是主流模式。

　　這些，是我們的蜜糖。

　　我們的團隊在堅信華人文化優勢的同時，在其基礎上進行了個體和情感的研究，於是就有了這本書。

　　這本書，我認為是「情感模式理論」的反覆運算版本，我稱之為「情感模式 2.0」。

　　希望每一位讀者都能透過這本書來認清自己。因為只有認清自己，才能好好愛人。

愛情基因決定感情關係的走向 ———— 021

測測你的情感模式 ———————————— 046

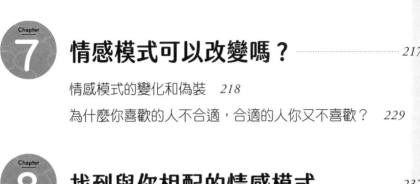

如何閱讀這本書

每個人的故事都是不同的，但每個人的故事也都是相同的。

譬如談戀愛，無非四種結果：

1. 成功甜蜜

2. 分手

3. 吵架維持

4. 平淡維持

譬如婚姻，也同樣是這四種結果：

1. 幸福生活

2. 離婚

3. 吵架維持

4. 平淡維持

這些結果說起來很簡單，可是拿我們經歷過的幾千個案例做對比的話，可以說千變萬化，各有不同。

光是分手這件事情，有爭吵分手的，有出軌分手的，有冷暴力分手的，有被迫分手的，有誤會分手的，有一個想挽回、一個想分手的，有用法律手段分手的，有突然消失的，有惡意欺騙的⋯⋯

做研究的時候，如果把每個細節都另立一案，就會陷入繁複駁雜的瑣事之中。所以我們往往只會尋求最大的相同處，而忽略細枝末節的不同。

這不是因為細枝末節不重要，事實上，細枝末節帶給人的正向情緒或者負向情緒會更甚。而普通人在感覺這種痛苦時，也會糾結於細節，而不願意認同真正的判斷。

打個比方，我們的案例中曾有個女生，多次被男朋友毆打。最嚴重時，男人會用腳踹她的肚子，並且用力勒住她的脖子，拚盡全力想要讓她窒息。

在這種情況下，女生依然不願意分手，並認為這個男人非常愛她，男人失控是因為她平時愛挑釁。

我們知道，當嚴重的家庭暴力發生時，受害人根本不可能是遇到了真愛，這是由一種占有欲和極端性格導致的，只是用過於愛來包裝而已。

但女生的堅信卻是因為一個細節：男人會為她洗腳。

用她的話來說，一個男人都願意為女人洗腳了，如果這都不算

愛，那什麼是愛呢？

從某種情境來說，女生說的話會讓人覺得有道理。可如果再把嚴重暴力或者其他辱罵的情境加上，這種「道理」就顯得可笑了。

我們在做研究時，發現「執迷」於細節，是最常見的感情錯誤。

如果把愛與不愛的判斷，放在那些讓你「情緒敏感」的細節上時，那麼幾乎是一定會誤判的。

所以在看這本書時，需要注意的是，我們所提到的案例，都是曾經或者現在，出現在我們的案例資料庫中的。這些案例大致上必然與你有相似的地方，而細節上卻也必然有相左的地方。

不要因為有幾個地方相似，就認為那就是自己。

也不要因為幾個地方不同，就認為自己不是那樣的。

我們要看的，是整體的情感波動方式，是你的情緒產生方式，是你的情感連結方式。只有那些本質的東西相同，我們研究和最終講述的才是你。

看小說時，大家都會把自己代入。在看這本書時，你們也會把自己代入。

請忽略細枝末節的不同，將自己代入到相似的境況和感受中。最後，我們會透過許多案例，來讓你學會情感模式，並認清你的情感模式。

1

愛情基因
決定感情關係的走向

當我們相愛時，愛上的其實是對方展現出來的外在
性格。但隨著感情逐漸加深，我們的外殼會一層層
地打開，最終暴露了內在的人格。

性格決定命運，
什麼決定感情？

一個人的感情順利與否，婚姻是否完美，和外力的推動雖然有關，但它並不會產生關鍵作用。

那和自身條件有關嗎？外貌、學歷、職業，這些條件看上去有用，但其實更沒有必然性。好看的女孩被渣，高薪白領被嫌棄，溫柔的女生被欺負，這種情況比比皆是。

所以說到底，我們都會說「性格決定命運」。性格決定命運？性格決定愛情和婚姻嗎？

這句話準確，但並不精確。

雖然我們總說「江山易改，本性難移」，但人的性格，難道真是一成不變的嗎？

比方說，在公司裡和同事相處時，你可能是個性格溫和、EQ

很高的人。但回到家裡，父母只是嘮叨了你兩句，你就開始不耐煩，像個隨時會爆炸的火藥桶。

而若是在男朋友或老公面前，明明很小的事情，又會觸發你的敏感神經。在家人看來，你竟是又事多又暴躁。

如果說「江山易改，本性難移」的話，那同一個人在同一天裡，在面對不同的人時，為什麼會呈現出截然相反的性格呢？我們拿數以千計的案例做樣本一一分析時，發現了一個令人吃驚的真相。

原來我們每個人的性格都不止一種！

原來在面對不同的情感連結時，我們的性格是不同的！

原來越是愛得深，性格就越會變得不同！

也就是說，**你平時是個什麼性格的人，和你在愛情中是個什麼性格的人，很可能會截然不同。**

那麼我們在分析自己能不能談好戀愛，能不能進入美好的婚姻時，就不能只是觀察自己平時的性格，而需要關注的是，在情感連結時，自己究竟是哪種人。

針對這個發現，我們花了幾年時間來做研究。

人類有成千上萬種性格，但這個世界努力地把我們訓練成相似的類型——一種社會人士，這類人更和善，更容易相處，更努力，更願意忍耐……等。

當我們相愛時，愛上的其實是對方展現出來的社會人士的性格。但隨著感情逐漸加深，我們的外殼被一層層地剝去，最終把內在的人格暴露出來。

在社會的層層打磨之下，真正的內在性格，已經不會再被人輕易看到，只有自己最親近的、有情感連結的人才能看到。

所以，當你有了愛情之後，你就會變成另一個人！

那個人才是原本的你，但卻並不一定是最好的你。因為「最好」是一種社會評價，而原來的自我，是在內心需求和欲望下生長出來的。

從心理動力學角度解釋：那個外在人格，就是你的「自我」，是在「超我」的限制之下，受意識主控而生。這部分是別人眼裡的你，也負責處理你大部分的人際事務。

而情感連結之下的你，更多出現的是「本我」，在欲望和需求的推動下，在情緒的包圍之下，做出與平時不同的動作。這也是那麼多年來，兩性節目、感情調解節目經久不衰的原因。因為許多人平時溫和，甚至有時虛偽，只有和感情相關時，才會把那個真實的自己掏出來，這樣的節目才顯得真實而好看。

這種只有在情感連結時才會出現的「自我」，在近幾年的研究裡，我們把它認定為藏在人類內心的愛情基因。

我們稱之為情感模式。

它是你在建立感情關係時性格的特殊形態。

情感模式決定了你的愛情狀態、婚姻預期，以及在戀愛時愉悅感的建立方式。

說得直接一點，你會喜歡什麼人，會被什麼人傷害，什麼事情會讓你開心，什麼事情會讓你痛苦，這些都不由你的表層性格決定，而是由你的情感模式決定。

譬如當一個男生對你說「我愛你」時，享受型情感模式的人可能會覺得開心快樂；而自虐型情感模式的人，反而會警惕，甚至產生抗拒。

同樣的情況下，愛情感受會截然相反，就是因為每個人的情感模式是不同的。

當你瞭解自己是什麼情感模式後，就會知道什麼人將吸引你。

當你瞭解自己是什麼情感模式後，就會知道什麼人適合你。

當你瞭解自己是什麼情感模式後，就會知道為什麼你在一段感情關係裡一定會痛苦。

當你瞭解自己是什麼情感模式後，就會知道怎樣才能愛得幸福。

很多人不懂愛，不懂怎麼去愛，也不知怎麼接受愛。沒關係，跟著我們，瞭解你自己的情感模式。

看清自己，也就看懂了你的愛情。

那麼，這種情感模式，是如何形成的呢？

是什麼讓我們的內心，
有了另一個小小的自我？

在研究情感模式時，我經常會用「小小的自我」來形容。因為我們的情感模式和外在性格差距之大，是讓人震驚的。

我們經常說自己是戴著面具做人的，這個面具並非生來就有，而是這個世界透過一次次的磨礪給我們戴上的，也就形成了我們的社會形態。

時間漸長後，我們的社會形態被人們廣泛評價。有時候是透過事業獎勵，有時候是人們的口頭評論，以致我們慢慢承認，這才是「我」的定位。

舉一個典型的案例。

大美是個典型的「女王」性格。

在事業上，她非常強勢，在自己的工作裡說一不二，和工作夥伴在一起時，也總能掌握主動權。

正常來看，大美這麼強勢的一個人，她找對象是不是應該找那些在生活中和事業上，可能會對她言聽計從的小男生？這樣她在家中也會保持著「女王」的狀態。

但事實正好相反，大美談了三次戀愛，每次找的戀愛對象都是比她大很多歲的大叔型，因為她總是迷戀著各種成熟的男人。由於大美的條件很好，她中意的男人剛開始時都熱烈地追求大美，努力地取悅她。正當大美和她的朋友們慶幸大美終於找到一個好男人時，事情卻朝著另一個方向發展。

大美開始費盡心思地去討好那個男人，滿腦子都是戀愛，甚至連工作都沒了心思，整天想著在家做家事，怎麼讓男人更高興，讓男人覺得她賢慧。

而相應的，那個男人也慢慢被寵得驕縱了，對大美的關心越來越少，體貼也越來越少。慢慢地，他覺得大美對他一切的好都是理所當然的。

每一次大美的戀愛都滑向同一個結果。大美變得越來越卑微，拚命地付出一切，祈求男人能給自己一點點關懷。

而男人則肆無忌憚地掠奪著大美的資源，折磨著大美的情緒。就在這種情況下，男人還時不時地提出分手，大美卻一直捨不得，苦苦地哀求男人留下。

朋友們都覺得奇怪，大美在正常生活裡明明是個「女王」，強勢起來連上司都害怕，談戀愛之初也很正常，怎麼就越來越卑微，越來越無法控制地去討好別人呢？

這其實就是我們前面所提到的，人的日常性格和在情感連結時，「情感模式」的差異。

大美的情感模式就是取悅型情感模式。

這種情感模式的表現是一個人無論日常工作生活中如何強勢獨立，一旦戀愛就像換了一個人似的討好對方，取悅對方。

這是為什麼呢？為什麼我們的內心裡又會住著另一個小小的自我，以致每次試圖去建立情感連結時，這個小小的自我都會鑽出來，占據你全部的心呢？

這當然和原生家庭有密切關係。

究其緣由，我們會發現，大美出生於一個單親家庭，幼年時父親去世，是母親將她一手撫養大。在這種環境中，大美受母親日常形象的強烈影響，並將其當作自己的人生行為評價標準。

對大美來說，強勢、努力、不服輸，是對一個女性的最高評價。在日常生活裡，她的社會人格也自然而然地如此設定。

但在情感連結上，因為缺少了父親的角色，大美會有一定程度的情感忽視（意指情緒與情感需求時常被漠視或忽略），這讓大美從小就極度渴望父愛。

所以在不知不覺中，她會不斷祈求獲得更多成熟男性的關愛，為了得到這種關愛，她可以付出很大的代價，甚至放棄自己的社會人格。

當她付出越多的時候，男方受到的寵愛越多。對於寵愛，教育學家在長期研究中發現，其實過多的寵愛並不會讓人感恩，反而會引發對方心中的自私和驕縱。

而男性的自私驕縱越多，就讓大美越是感覺自己快要失去這段愛。她對於情感忽視的恐慌，讓她難以自抑地想要透過更多的付出、加倍的取悅來挽留這段感情。

在多次的感情關係中，這個過程在不斷重演，最後形成了大美的「取悅型情感模式」。

原生家庭對我們的影響是如何造成的呢？

是透過我們的欲望，讓我們變得渴求某種東西，譬如渴望被愛，渴望安全感。

也會透過恐懼，讓我們變得被動，害怕建立情感連結，害怕任何親密關係。

原生家庭不僅讓我們形成了原生性格，也讓我們隱藏著自己內心的那個小小的自我，蟄伏著不動聲色，卻掌握著情感連結的力量，變成我們的愛情基因。

明知道不對，
但我就是控制不了

在做情感模式的研究之前，經常有人會問：其實我什麼都懂，就是當時忍不住。

是不是冥冥之中真的有一種力量，會左右我們的選擇，甚至讓我們做出與需求截然相反的動作？

小安是個說話軟軟的女孩，一看就是溫柔可人的類型。

她交往過的幾個男朋友，最終都分手得很痛苦，沒有誰出軌，也沒有誰對不起誰，這些男人起初甚至都積極主動地想要買房和她結婚。

小安和一個男朋友交往了近三年，是她關係維持得最長的一個男朋友。男人條件很不錯，工作也穩定。談戀愛的第一年春節，他

就帶小安見了爸媽。未來公婆很喜歡嬌小溫柔的小安，覺得兒子總算是找到好對象了。

又過了半年，男人開始緊鑼密鼓地裝潢新家，眼見著過不久就要求婚了。可這時候，男人父母發現兒子的臉上總是有紅腫的痕跡。問他，他只說是健身時撞到的。

但哪有人健身天天受傷的，他臉上的紅腫其實是小安動手留下的。

小安看起來很柔弱，說話也柔柔的，其實這都是平時面對別人時展現的形象。而幾乎在所有戀愛中，她的脾氣都非常差，並且有非常強烈的掌控欲。

剛開始，男人以為女生因為愛他，理所當然管得多一些，所以對於隨時隨地報行蹤，手機、通訊軟體全公開都坦然接受。

時間久了，小安還會要求他刪除手機裡的女性聯絡人，甚至連公司女同事都刪了不少。

最讓他感覺不對的是，有一次和朋友們吃飯，忘了事先跟她說，又因為喝醉酒沒有及時接小安的電話，小安竟然透過手機定位找上門來，差點掀了桌子。

男人覺得在朋友面前失了面子，就吼了小安幾句，這下算是捅了馬蜂窩了，小安萬分堅定地要分手，當天晚上就收拾完了行李，準備搬走。

男人酒醒後痛悔不及，跪著求小安原諒，最後小安打了他幾個

耳光後，才算消氣。

從此，揭開了小安動手的序幕。男人發現，小安的性格完全不像外表一樣柔弱，反而很強勢，管控欲極強的她簡直像惡魔一樣。

男人的穿著打扮，必須有小安的同意；男人的日常外出，小安會時時定位；男人的消費，小安會收到簡訊；到最後，男人被管到胖了一公斤都會挨揍的地步。

男人有次向小安的朋友哭訴，說自己有次約會遲到了十分鐘，就被小安按在人行道旁的綠化帶上摩擦。

小安的朋友根本不相信，因為在大家眼裡，小安就是個人畜無害的小洋娃娃，怎麼可能動手，就算動手，又怎麼可能是男人的對手呢。

男人的異樣被自己的父母發現後，剛開始二老也是不信，但畢竟兒子身上的傷是不會說謊的，再看到小安一次次在飯桌上瞪兒子，在桌子下掐兒子，二老終於忍不住干涉，要兒子立刻分手。

男人也確實受不了了，於是提了分手。分手沒多久，小安找男人道歉，也覺得自己做得太過分了，承諾以後絕對不動手，也絕對不再那麼暴躁了。

兩個人復合了一陣子後，小安雖然努力控制，但還是忍不住自己時刻沸騰的情緒，最後竟當著男人父母的面，把他的手機砸了。

這次分手，讓兩個人都痛苦不堪。

透過小安講述了自己所有的感情經歷，我們發現小安極度沒有安全感，時時刻刻都想要從男朋友身上尋找安全感。所以不管發生什麼事情，都會讓她覺得身邊的男人要背叛了，要出軌了。

小安的方法是嚴厲的控制，不讓男人有一點點背叛的機會和可能。

控制，當然是很多人處理男女關係的方法之一，但為什麼會有摔東西、吵架，甚至是動手的情況呢？

小安說，她也知道甩人耳光不好，也知道一點小事就抓住不放非要吵架不好，可她就是忍不住。有時候情緒就像是沸騰的水一樣，嘩的一下就滾了起來，完全控制不住。

「我控制不住自己的情緒！我也沒辦法！」

在出現問題時，很多女性都會像小安一樣這麼說。

而這就是我們在本書中會討論的一種典型的情感模式：掌控型情感模式。

在外界的印象中，小安明明不是一個很暴躁、很粗魯的女生，這一點，她的朋友和同事都可以證明，但她對男朋友，為什麼會變成這樣呢？是她平時偽裝得好，還是本就是狼人性格，到一定時候，心裡的小野獸就會冒出來呢？

其實你有沒有發現，我們和另一半的溝通方式是一種與對外界截然不同的方法，而這種雙標溝通方式，我們從來沒有在學校學過，那它又是從哪裡來的呢？

大部分女孩和戀人溝通的方式，其實都是從其原生家庭學來的。說得更直接一點，她們往往會不自覺地去學習自己的母親與父親的溝通方式。

　　我仔細詢問了小安原生家庭的情況。

　　在小安很小的時候，父母因工作原因，沒辦法帶她，把她丟在外婆家，一直到她十二歲左右。在外婆家住的時候，小安蠻受寵的，外公、外婆甚至有些溺愛她，所以小安的脾氣被養得很壞。

　　十二歲後的小安，終於和自己的父母團聚。但很快她就發現，自己和母親的脾氣太像了，都是不能受一點委屈，稍微不順就要鬧的性格。

　　十二歲的小安已經有些叛逆，不願意聽父母的話，而母親為了馴服她，動輒破口大罵，甚至動手打她。

　　好幾年的時間裡，小安都是在母親的咆哮聲裡度過的。被甩巴掌，被關在門外，甚至被潑水，都是家常便飯。

　　小安後來回想，自己情緒一上來就會動手的習慣，似乎是從母親身上學來的。

　　因為自己就是生活在這樣的一種環境裡，母親像是一個火藥桶，莫名其妙就會爆炸，這讓小安的情緒始終是高度敏感的。很多人以為，既然從小就受到了情緒吞沒的折磨，那長大後的小安，應

該深深為之警覺，並注意避免才是。

但事實上，**警覺從來都不是自然發生的，從小耳濡目染的行為模式、情緒驅動方法，如果你不改變的話，最後往往會不自覺地變成你自己對待他人的情感模式。**

小安就是這樣，其實每一次談戀愛，她對男朋友都很暴躁，都有極強的掌控欲，但她根本沒有意識到，當年母親的情感模式已經延續到了她的身上。

直至最近一次戀愛，因為太愛那個男人，又導致情緒更難控制，所以她就更暴躁，更具掌控欲，以致雙方都愛得遍體鱗傷。

這時候，她才第一次意識到自己情感模式有問題，也才知道，原來由於她的情感模式，對另一半的態度，早就已經注定了。

這就是我們所說的：情感模式早已被決定，如果你不矯正，終生不會有改變。

原生家庭對我們性格的塑造是全方位的，也是極為繁複的。原生家庭對情感模式的塑造尤其明顯，如果我們不分析自己的情感模式是什麼，就不會知道原生家庭曾對我們有這麼深刻的影響。

你是否會愛某個人，
真的由你自己決定嗎？

本節我們要講一個「渣男吸塵器」的故事。

很多人覺得，自己是渣男吸塵器，那是眼光不好，選人不準的原因。

其實，可能在你很小的時候，就已經注定了你會是個渣男吸塵器，你可能也想擺脫這種體質，可渣男就是像吸血的蚊子一樣盯著你。

那麼渣男吸塵器的愛情基因又是什麼呢？

我們曾研究過一個非常典型的渣男吸塵器案例。

姚姚是一個藝人，和許多人印象中可能不同，藝人的戀愛往往比普通人更加艱難，因為她們長期在劇組工作，環境很封閉，而且

工作繁重，即使談戀愛也總是聚少離多，所以很多藝人長期保持著單身。

姚姚也差不多是這樣，她其實是個蠻被動的人，從來沒有主動去和誰發展過關係。即使遇到某個有些心動的人，也只會藏在心裡面，絕不輕易表達出來。

我曾經在算愛社的課程裡講過姚姚這樣的女生，在談戀愛時，就像是先為自己建立了一座陣地。

談戀愛本來是一件令人愉快的事情，我們的心容易進入或者需要滿足一定條件才能進入，這都是正常的。

但還沒有開始，就先建立一座陣地，這意味著什麼？

意味著你希望對方是一支軍隊，先要攻陷你的心，你才會和他人建立情感連結。愛對別人來說，可能是一次愉快的牽手，一個對視的眼神，一次默契的交談。

但你必須給對方很多難題和陷阱，讓對方一步步地攻打過來，把整個陣地都攻陷了，你才會認為這是愛。

我就跟姚姚談了這個問題。

她當時的觀點和很多有這種愛情觀的女孩一樣。

她們認為，愛情是多麼重要的事情，如果不讓人好好地追求自己，不讓他多付出一點，多經歷一點磨難，又怎麼能證明他愛自己呢？

所以自己的心是一塊陣地，需要被人攻陷，攻陷了之後才能戀

愛，這聽起來一點都沒錯。

對錯的事情先放一邊，我們來看姚姚戀愛的結果。這八年裡，姚姚總共談了四段戀愛。

第一段是個非常有才華的音樂人。音樂人在私人聚會裡看見姚姚，頓覺驚為天人，到處跟人說這是他的真命天女。姚姚本來就不喜歡輕浮的人，狂蜂浪蝶她也是見多了，根本沒打算搭理人家。

可音樂人追起人來毫不手軟，你以為追人就是早安晚安外加送花送禮物嗎？如果只是那樣，姚姚可能見多了。

頂級「海王」是怎麼追女生的呢？

音樂人從姚姚的事業入手，瞭解了她最近接到什麼角色，就找相關的專業人士讓姚姚接觸，熟悉人物的現實生活。然後再利用自己的人脈，讓業界大佬對姚姚有所瞭解。

別人幫了自己忙，姚姚當然就不能拒人於千里之外，對於對方的偶爾邀約，她也會經常出現。

音樂人倒是沒那麼著急。他們見面都會和一大群朋友一起，約在酒吧裡。高興的時候，他還會上臺親自唱一首歌，每次都說是唱給在場一個最美的女孩。

就這樣，一次次的見面，讓姚姚慢慢放下了戒備心。這就像是一個嚴陣以待的陣地，如果被人猛烈進攻，會引發激烈的抗拒。但如果對方慢慢接近，並且在陣地前小規模滲透，就會讓人和緩下來，放鬆強烈的個人防禦。

這就是高手的厲害之處了，他明明在追你，卻還能讓你放下戒心。

時間持續了幾個月，音樂人終於動用了「動情一刻」的花招。所謂的動情一刻，是某些特別懂得追求人的男生，在你完全沒有防備的狀況下，突如其來地給你一次情緒上的劇烈波動，讓你產生同理心，或者情緒滿足。

這就像在你的陣地放鬆大意時，他突然給你來一次奇襲，徹底攻陷你的心房。

那次見面，姚姚本來也以為是一堆朋友，沒想到竟然是燭光晚餐。那天正是音樂人的生日，兩人在高級餐廳裡，吃著最好的分子料理，喝著最好的紅酒，正當盡歡的時候，音樂人卻落淚了。

這時音樂人說起了自己的原生家庭，說起自己其實沒有人懂，說起自己把別人當朋友，卻被一次次欺騙。

種種往事，都說到了姚姚的心坎裡，因為她也有幾乎同樣的經歷。往事一幕幕地展開，姚姚和音樂人相互傾訴起了自己那麼多年的不容易。

心房就此打開。

哪怕後來，姚姚被傷得撕心裂肺，可回想當初那一幕，她還是很堅信，如果再來一次的話，她依然會為對方心動。因為那是一次觸及靈魂的溝通，在這個世界上，恐怕再也不會有人這麼懂自己了。

被人懂，恰恰是姚姚這樣的女生的軟肋。她獨立、自信，有自己的事業和追求，但不管多受歡迎、多受追捧，她始終覺得沒人懂自己。

因為別人看到的，只是她光鮮靚麗的一面，而這些女生，真正渴望的，是自己那麼多年的辛苦和傷痛能有人懂。

不會追女生的男人只會誇女生，而會追女生的男人會同理女生。很多海王抓住了這個原理，所以他們都學會了怎麼利用同理心，來讓女生們感受到他們的懂得。這個動情一刻，是百試百靈的殺手鐧，基本上女孩都逃脫不了。

反正，姚姚覺得自己終於找到了一生的靈魂伴侶，覺得對方是真心愛自己的。於是陣地被完全攻陷，她徹底地陷了進去。

之後的故事就很千篇一律了，音樂人和姚姚在一起之後，認真了幾個月，然後漸漸冷淡，開始了冷暴力。姚姚忍了幾次，得到的卻是音樂人的一次次出軌背叛。

各種狗血的橋段就不一一述說，因為我們今天要講的，並不是男人有多渣，而是為什麼這個女人總是會選擇渣男。

順便說一句，姚姚和音樂人分手後，又談了幾段戀愛，結果每一段都是渣男，都是劈腿出軌外加傷害她。

渣男吸塵器和自虐型情感模式

到底什麼是「渣男吸塵器」？

渣男吸塵器就是被同一種追求模式所吸引的人。譬如你一直渴求情緒價值，則所有能帶給你情緒價值的人，都很容易追到你。譬如你最看重細節，那麼在戀愛前期把能量都花在維持細節上的異性，就很容易追到你。

而不幸的是，你喜歡的這個追求模式，往往是善於偽裝的。

我在電視節目《愛情保衛戰》裡曾說過：「現在的愛情，往往是渣男定義的。」

因為我們在各種影音平臺上看到的愛情短劇，聽別人聊起的愛情故事，都是被人精心安排的，到底如何才能讓一個女生，在短期內讓情緒獲得最大的滿足。

這種戀情會讓人非常愉悅，但同時，它也沒辦法保持很長的時間。

　　往往在爆破式的情緒滿足後，就突然急轉直下。

　　成為渣男吸塵器，並不是因為你的運氣不好，而是因為你始終保持著同一種「愛情基因」，而這種愛情基因，會讓你被同一類男生所吸引，無論你怎麼抵抗，都會被這一類男生追求到。

　　我們說的這一類男生，並不是外形條件、學歷、工作背景等方面相似，事實上被譽為「渣男吸塵器」的女生，每次談戀愛找的男生可能大有不同。他們有時候是小鮮肉，有時候是帥大叔，有時候是富人，有時候是窮光蛋，有時候是學霸，有時候是才子。

　　你真要問她們，女生們根本總結不出來這些男人的內在規律。但我們做研究，看的根本不是外在的東西，我們看的是每個人的「愛情基因」，也就是人們的情感模式。

　　姚姚是非常典型的「自虐型情感模式」，渣男吸塵器們也絕大多數具有典型的自虐型情感模式。

　　什麼是自虐式情感模式，我們在後文會有詳細的解釋，這裡只做簡單比喻。

　　像姚姚這樣具有自虐型情感模式的人，內心活動極其複雜。這類人對於絕大多數的情感連結，都處於一種可以要、想要，但必須設置障礙的狀態。

即使是面對一個非常優秀的男生，擁有自虐型情感模式的女生也不會主動去追求，甚至在別人主動追求的時候，也不會順理成章地接受。

她們一定會設下很多關卡，需要對方付出難以想像的情緒價值；需要對方一次次地進行證明；需要對方乞求、認輸，甚至放下尊嚴；需要對方用正常追求別人幾倍的時間和勞動力，才會勉強接受。

這時候，很多人就不懂了。既然設置了那麼多障礙，一次次考驗對方，對方都打怪升級過關了，怎麼還會是渣男呢？

因為，當你面對追求者的時候，這個追求者也在面對著你。所以你接受別人的追求時，別人也在評估是不是能和你共度一生。

一個正經男人，遇到心儀的女生，在熱戀時會做出許多日常不會做的事情，也就是討好你、取悅你，讓你高興。

但這種熱戀效應不會持續很長時間，並且需要獲得回饋才能夠持續下去。

這也就是我們所說的，戀愛和追求是需要互動的，而不是一方面持續製造負面障礙，另一方面卻要求男人持續不斷地付出。

正常男人發現自己的付出和追求並沒有獲得期待中的回饋，而追求的女生甚至表現得非常難以搞定的時候，他的第一反應不是停止追求，而是思考這個女生適不適合做自己的妻子。

這是正經男人和渣男的分水嶺。

因為這個分水嶺的存在，所以我提出一個假設：

越是渣男，就越是會持續不斷地追求你，而越是好男人，他付出的追求一定是有節制的。

因為一個渣男根本不考慮一輩子的事情，他只在乎能不能在短期內追到你。也就是渣男的目的是為了追到你，而不是和你一輩子在一起。所以你是怎樣的人，你在未來生活裡會不會很難相處，你適不適合當老婆，對他來說毫無意義。

而正經好男人則恰好相反，他在追求的過程裡一定是考察和審視你的。因為他要考慮一輩子，要考慮未來幾十年的生活，甚至還要考慮你和他的父母之間是否能契合。

如此多的考慮，讓正經好男人只能扛過最初的那些追求考驗，如果你還要他們去做很過分的事情的話，他們一定會轉身離開。

這不是愛不愛的問題，是彼此需求的不同。

為什麼具有自虐式情感模式的女生往往都是渣男吸塵器？因為她們所設置的障礙，她們所需求的愛情模式，是只有渣男才有可能提供的。

所以能追到姚姚的男人類型，其實是同一類的。那就是會瘋狂地追求人，會提供很多情緒價值，會甜言蜜語，會表現得很體貼。他們嘴上說一輩子，但實際上根本不做長遠考慮。

不管他們身分背景如何，不管他們外形條件如何，不管他們用什麼花招追人，實際上追求的經歷是一模一樣的。

那就是用持之以恆的態度，低尊嚴的取悅討好，時刻的陪伴和聆聽，滿足你苛刻的安全感，讓你覺得找到了一生的真愛，讓你覺得只有這個男人能給你安全感。

而他得到你之後，以前那種狂熱付出的內驅力就會徹底消失，變得越來越冷漠，讓你覺得他像是換了一個人。

當你像姚姚一樣哀嘆自己是渣男吸塵器的時候，有沒有想過，其實你身上早就有成為渣男吸塵器的愛情基因？

你的情感模式，注定了你會持續不斷地經歷渣男。

而想要不經歷渣男，就不能聽任自己的情緒來選擇愛人，必須透過情感模式的契合來選擇正確的人。

2

測測你的情感模式

情感模式其實已經計算完了你這一輩子的愛情應
該會怎麼樣,你應該配什麼樣的人,不配什麼樣的
人。為什麼呢?因為每種情感模式都有與之相配的
情感模式。

如何看待情感模式

　　男人和女人都有情感模式，而且情感模式幾乎是相同的，但是情感模式對他們的影響是不同的。對女人來說，情感模式的影響比重更大一點。這是為什麼呢？

　　電影《色戒》裡有一個片段，王佳芝在買鑽戒的時候，看到易先生在檯燈下忽明忽暗的臉，那一瞬間她突然有一個情緒波動，然後愛上了對方。一個女人愛上了對方，她的大世界塌縮成了小世界，如果我們用情感模式的理論來解釋的話，就是從大性格和大價值觀塌縮到了情感模式裡面。

　　本來王佳芝對易先生用的是什麼？大世界觀、大性格對嗎？她本來是要殺這個漢奸，殺這個男人，她心懷家國天下，要為民除害，她是這樣一個世界觀。但當一個女人愛上這個男人之後，大世

界塌縮到小世界，用情感模式去理解這個男人時，她想的就是「我愛不愛他，他是不是愛我，我怎麼才能救他」。這就是從大世界塌縮到小世界，大性格塌縮到情感模式。

舉個例子，我有個朋友，她平時是一個非常冷靜、理智的女生，可以說理智近乎冷酷和冷漠的狀態。然後有一天，她突然跑來跟我說，她要辭職。我說你為什麼要辭職啊，那麼好的待遇，那麼好的企業。她說因為她失戀了。我說你失戀了就要辭職嗎？她回答，因為失戀了很痛苦，所以她必須辭職。我說你的冷靜和理智呢？她說我不管。

這就是一個人平時和陷於情感模式之中的不同之處。每個人塌縮進情感模式之後，會做出一些自己平時都理解不了的事情。

再打個比方，平時你和同事一起吃個小吃，覺得也蠻開心的。但是如果你和戀人約會，他拉著你說我們今天去吃個小吃吧，你馬上就發脾氣了，我出來跟你約會，怎麼能跟你去吃那個呢？這是為什麼？這個價值觀的判定也是和情感模式有關的。有些人覺得去吃小吃是可以的，很溫暖。有些人就不會這樣覺得。這種判斷其實不是平時的價值觀判斷，而是進入情感模式之後的判斷。

那麼這種情感模式就影響了一件事情，就是你的愛情談得好不好，會不會遇到障礙等等，和這個情感模式是相關的，甚至可以說，情感模式決定了你的戀愛是否順利。

那麼情感模式到底會讓你做什麼？我舉幾個例子。

1. 怎麼和另一半相處。

你跟他相處的時候是平心靜氣的，還是情緒會經常爆發的，其實都不一定，這是由各自的情感模式決定的。

2. 是否接受另一伴的饋贈。

有一些女生很高興別人送東西給她；有一些女生在別人送東西給她的時候，她要思考一下；有一些女生會覺得很不好意思，覺得還要回贈別人更貴重的東西等等。

這也不一樣，對嗎？你會發現很多女生平時不愛去向別人求助，哪怕這個人是自己的愛人。她覺得我怎麼能拿他的錢啊，那我就變成一個跟男人要錢的女人了。有一些女生恰恰相反，她們會認為，他是男人，他當然要替我付錢，他當然要替我付房租，他當然要請我出去玩。你看，這就是情感模式帶來的不同心理。

3. 怎麼請求對方幫助。

有些人會直說，有些人是站在那裡，等著對方發現自己的需求。遇到這種情況，有些女生覺得自己在情感裡面很糾結，她明明很想要對方的幫助，但是又不願意說，就等著對方發現，如果對方沒發現，那肯定是對方不對。這也是情感模式產生的不同情況。

4. 由誰做決定。

有些人說男人做決定，有些人說女人做決定。

5. 你們會不會吵架。

因為什麼事而吵架，吵架之後怎麼辦，這就是面對矛盾的態度，這些都是情感模式決定的。

6. 對於將來的態度。

對於離婚的態度，對於愛人不忠，甚至你自己出軌之後的抉擇，都是由情感模式帶來的。情感模式帶給你容忍，情感模式帶給你處理矛盾的方式和方法，情感模式帶給你不同的抉擇。比如說你選了這個人，你選擇和這個人過下去；你選擇原諒，或者你選擇不原諒。這些抉擇的不同，決定了你的愛情順利與否。

說到這裡，大家都應該聽明白了。因為你的情感模式直接導致了你在愛情裡面會做些什麼，所以順和不順都在這個情感模式之中。

有些人很愛算命，我是不愛算命的，但是心理學有一個妙處就是，當我們發現你的模式之後，那麼你將來的命運，十有八九我們已經可以預測得到，所以你可以把這個當成是一種算命。情感模式其實已經計算完了你這一輩子的愛情應該會怎麼樣，你應該配什麼樣的人，不配什麼樣的人。為什麼呢？因為每種情感模式都有相配的情感模式。

有些人是A，他可能最相配的是A，但也有相衝突的情感模式，比如和B是衝突的。A和A在一起，兩個人每天都過得很甜

蜜，A和B在一起，可能是天天打架。這就是情感模式的相配問題，它直接決定了你將來應該愛誰、你會愛上誰。

每種情感模式也會有面對愛人的態度、處理問題的態度。有些人選擇忍耐，有些人選擇放棄。就好像經常有人會跑來問：陸老師，我老公出軌，我男朋友很花心，我應該怎麼辦？我不會告訴你應該怎麼辦，我會希望你自己去理解，這件事情是一個價值觀的問題，或者說就是情感模式的問題。你的情感模式決定你最後會選擇放棄或選擇忍耐。

說到這裡，大家基本上應該能夠理解，情感模式究竟是一種怎樣的東西了。情感模式能讓我們去選擇人，指導我們去做事情，指導我們去忍耐或者放棄，所以我們先要弄清楚自己的情感模式是什麼。

所以我會給你一系列的測驗，當做完測驗之後，你會知道自己的情感模式究竟是什麼。

測測你的戀愛腦，
看看你的情感模式到底是什麼

在做情感模式測驗之前，先要明確幾個概念。首先，你的情感模式是確定而隱藏的。

什麼叫確定而隱藏的？確定的意思是它很難改變，而且基本上不會有太大的偏差。

那什麼是隱藏呢？其實情感模式隱藏在你的潛意識裡面，如果對於自己在感情裡的狀態沒有進行一次次的反覆驗證，即使是你自己，也無法發現自己的情感模式。

譬如我們前文講到的大美。她從外表、事業到人際關係，都會讓人覺得，她是個掌控型的女生，甚至她覺得自己應該是個女王，可以搞定所有人。

可真的到了談戀愛的時候，外表再女王也沒用，她會難以克制

地想要去取悅對方，直到一次次受傷後才意識到，在生活和愛情裡，自己根本就是兩個人。

這種情感模式就是確定而隱藏的。

所以不要被你的自我認知欺騙了，你希望自己是什麼人，和你最終成為什麼人，其中的差距會令你感到驚訝。

小安也是一樣的，她做完了情感模式的測驗之後，甚至拒絕承認自己是掌控型。

她根本感受不到自己的掌控，而且她自認為並沒有從所謂的掌控裡獲得任何好處。她覺得自己只是缺少了安全感，所以有時候會控制不住情緒。

後來我分析了她和前男友在一起的生活細節，一個個無法辯駁的事實讓她終於明白，原來她一直是透過「自我心理防禦」來否定自己是個掌控型的事實，但不管怎麼否定，從男朋友的感受來看，她就是個不折不扣的掌控型。

女性版情感模式測驗

　　這份測試題總共有五個題目，每道題目都會有一些先決條件或者人物，可以把自己代入，然後想一下自己是如何思考的（男性版測驗將在書的結尾出現，請翻閱 P.267）。

・情感模式測驗說明書

　　四種情感模式，並沒有什麼好壞的分別。測試也只是為了尋找你內心的愛情基因，不要抗拒，也不要否認。測驗的結果，則是代表了你的原生家庭深埋在你心中的愛情基因是什麼。

　　每個人的性格是繁複的，所以我們在做測驗時，很容易混淆自己的社會人格和情感模式。

　　譬如小安平時對人態度很好、很溫柔，她在做測驗時會下意識地把自己溫柔的一面當作答案。

　　但情感模式的測驗，測的是你和另一半在日常生活裡的一面。

　　所以在做測驗時要避免兩個誤解。一個是**千萬不要把你和別人的相處方式代入進來**，這個測驗，只是測你和另一半的情感模

式。另一個是盡量**不要把熱戀期最初一段時間的狀態放進來**，因為任何人的熱戀初期，都會有一個取悅期，會隱藏自己的缺點，會壓抑自己的情緒。

Q1 一個男人在追你，追了一段時間之後，你不確定自己喜不喜歡他，因為你跟他剛認識還沒多久。這時候他送了你一個幾百塊錢的小禮物。當他把禮物塞到你手裡之後，你會是什麼態度？

A. 你會開心地收下，並且感謝對方。你沒有想太多，直接收了禮物，還很高興地感謝他。

B. 毫不猶豫地拒絕，認為你們兩個人還沒有達到送禮物和收禮物的關係。不行，我們認識沒多久，我又沒確定喜不喜歡你，你又不是我男朋友，我怎麼能收你禮物呢？沒有到這種關係。

C. 嫌棄東西有點廉價，但沒有表現出來，最後還是收下了。雖然這個東西我不喜歡，但還是收下了。

D. 東西你收下了，但是你打算買一個更貴重的禮物送給他。他送幾百塊，我就送一千塊，或者說比他送的東西價值要高一兩百塊。

Q2 這時候你已經談戀愛了。你的戀人最近常抱怨，說你總是不理他。這個時候你會有什麼想法，或者有什麼表現。

A. 好好好，你既然都這麼說了，那我就多理理你，多陪陪你吧。

B. 那你為什麼不先來找我呢？

你說我不陪你，說我不理你，不是因為你沒有來找我嗎，你多找我，我才會理你嘛，你不找我，我為什麼要理你？

C. 我最近很忙，你不要煩我。告訴你，我不理你肯定有不理你的原因，我一直都在忙。

D. 自責。我最近是不是真的有點做得不好，有點不關心你呢？我還有什麼地方可以改，可以變得更加關心你。

Q3 你送了禮物給戀人，這個時候你最期待他有什麼樣的反應？

A. 希望對方也能送東西給你，而且最好是更貴的。

B. 希望對方喜歡，但是又不會有太誇張的神情。但是如果對方很冷淡的話，你又會生悶氣，但不會說出來。

C. 希望這個人會開心地笑，甚至是傻笑。例如看到這個東西就說：「這個好，我喜歡。」然後呵呵地笑。

D. 給你一個擁抱。這個男人看到這個東西，也沒有說喜歡或不喜歡，但是會把你拉過來抱一下，讓你感覺到溫暖。

Q4 當你們吵架的時候，你會有什麼反應？

A. 一個人委屈地哭，等著他來哄你。他如果不來哄你，你就一直哭，不願意主動理他。

B. 憤怒，不理人，生悶氣，最嚴重的時候甚至會摔門走人。以生悶氣為主。

C. 破口大罵，發脾氣，指著這人的鼻子把他痛罵一頓。

D. 去哄他。察言觀色，費盡心思，盡快把對方哄好。

Q5 如果你的男朋友或老公提出分手，但是你還是喜歡他，你的第一反應是什麼？

A. 先求他回頭。「你不要走，我還是想和你在一起。」如果他拒絕回頭的話，你又會訴說自己的悲慘，說自己好孤獨之類的。最後再想，我下一步應該怎麼辦。

B. 即使我很痛苦，也要壓在心裡面，表現得更加冷漠和無所謂。一句軟話都不說，你想我求你，不可能。我寧可自己扛。

C. 覺得可以把他哄回來。我覺得問題不大，這個人我哄一哄應該就回來了，應該就能和好了。

D. 反覆糾結，在想我到底哪裡做錯了。我究竟用什麼樣的方法可以讓他回心轉意等。

情感模式測驗解析

每道題都是四個選項，每個選項分別對應了一種情感模式。

・單獨優勢型

上述答案中，你只要有三個或三個以上的答案是同一個選項，那麼你就是單獨優勢型，也就是說有一種情感模式，在主導你的人生。

・兩兩混和型

那有些人說，比如我是AABBC，或者是CAABB。各有兩個是相同的，第三個是不同的，這叫兩兩混合型。

兩兩混合型是什麼呢？相當於有兩個情感模式在你的人生中產生作用。這兩個情感模式相互交織，發揮作用，沒有哪個情感模式是單獨具有壓倒性優勢的。

兩兩混合型和單獨優勢型有什麼不同呢？單獨優勢型的人性格非常鮮明，在情感模式裡面，做事情非常果斷。例如，在面對男

人出軌時，這個類型的人一定是放棄的，這很容易判斷。而兩兩混合型沒有那麼容易判斷，它的包容程度、容忍程度，或者說它的相配程度都要比單獨優勢型要強很多。這個我們最後會再來詳細說明。

・全面混合型

還有一種比較特殊的類型，叫全面混合型。

全面混合型是什麼呢？比如說AABCD，只有一個是重複的，其他都是不重複的。全面混合型往往是因為你的情感模式比較混亂，或者說你的情感模式因人而異。在感情發展過程中，你的情感模式發生了一定的矯正和變化。具有兩個重複選項所對應的情感模式，對你產生的作用是最大的，而其他情感模式對你也都有一定的影響。

・你是什麼類型？

那麼，我們該怎麼判斷這個測驗解答呢？一共有四大情感模式，主要針對單獨優勢型來說，分別對應了四個選項。

如果你的測試結果是：

三個或三個以上的A選項，你是享受型的情感模式。

三個或三個以上的B選項，你是自虐型的情感模式。

三個或三個以上的C選項，你是掌控型的情感模式。

三個或三個以上的 D 選項，你是取悅型的情感模式。

你是哪種情感模式，可以根據你的答案來做相應的判斷。

如果你有三個或三個以上的相同答案，那麼你可以很容易地做出判斷，只要注意這一種情感模式就足夠了。因為在你的人生裡，主導的是這種優勢的、壓倒的情感模式。

如果你是兩兩混合型的，那麼是哪兩種情感模式對你的人生和感情發揮作用，我們就專門來注意這兩個。

做完這份測驗之後，你首先已經明白了，決定你的愛情、人生的情感模式是什麼。

接下來，我們將開始結合案例，來告訴你們每個情感模式的真相。

你的愛情基因，即將被揭秘。

3

享受型情感模式

享受型情感模式的人有了愛情之後，會變得很依賴
他人。尤其是戀人會為他提供好的條件，幫助他安
穩下來之後，他會習慣性地放棄自己的獨立性和思
考能力。

一隻中年的鴕鳥

在本書中，會提到一些我們做情感模式研究時的真實案例。為了保護隱私，我們會用化名來代替，並修改一部分不重要的細節。

沒有哪個人會和另外一個人的人生經歷一模一樣，當別人的人生在你面前展開時，不要去細細地比對，要盡量用心去感受。

在絕大多數人的眼裡，若子過得很幸福。確實，連若子都覺得自己應該是幸福的。

但在最好的閨密眼裡，若子過得一點都不好，甚至是太卑微了。

這形成了一種奇怪的現象，一個人的生活是光鮮亮麗的，甚至是惹人羨慕的，她自己也樂在其中，但最好的朋友們卻覺得她在過苦日子。

為什麼呢？我們來觀察一下若子的生活。

若子出生在一個鄉下的務農家庭，父母收入尚可。但家裡上有哥哥，下有弟弟，父母又有些重男輕女，所以不算受寵。父母對她極為嚴厲，從小她物質生活也很匱乏，總是羨慕別人有好吃的、好玩的。

因為童年被父母苛責，所以若子一直羨慕別人的生活，渴望有人寵愛自己，這種環境塑造了若子的原生性格。

高中畢業後，成績一般的若子選擇了外地的一所大學，目的只是為了能離家遠遠的。她認為似乎只要離家遠了，自己的幸福生活就能到來。

若子的大學生活過得很自由，少了家裡的管束，她可以每天吃吃睡睡上上課，在室友的照顧下，甚至連房間清潔都不用怎麼做。大一時，她覺得這就是前所未有的幸福生活。但大二之後，若子又發覺自己和別人的差距了。

若子有個室友A，家裡本來就住在學校所在的這個大城市，外表很可人，屬於人見人愛的類型。

大一時倒還沒什麼，可是從大二開始，室友A就開始被很多人追求，校內、校外的男生，排著隊要送她禮物，還經常會有豪華轎車來接她出去玩。

每到週末，室友A就化著美美的妝，打扮得漂漂亮亮的，然後

跟著男生出去吃喝玩樂。

有一次，室友A大發「善心」，決定帶著若子和其他幾個室友一起去玩。那天，室友的男朋友開著保姆車來接她們整個寢室的人出去。

那是若子第一次見大世面。她終於知道大餐長什麼樣子，終於知道原來豪華轎車有那麼多品牌，她終於知道什麼是夜店，她也第一次品嘗到了傳說中的香檳。

這次見世面之後，若子左思右想了好幾天，終於忍不住問室友，自己怎麼樣才能過著這樣的生活呢。對她來說，這簡直就是人上人的日子。

室友說得輕描淡寫，只要找個有錢男朋友就行啦，男朋友有的就是你有的。

若子恍然大悟。

但室友的這番話，卻引來了寢室裡其他人的反對意見。

一個寢室有四個女生，另外兩個女生聽到後，立刻就說，女人為什麼要靠男朋友生活。

四個人甚至爭論了起來。反對的那兩個女孩從小在家裡接受的教育就是要靠自己，不能靠男人，所以對她們來說，談戀愛只是因為喜歡別人，就算對方要送禮物，自己也不能隨便收下，更別說拿男人錢了。有個女生甚至說得很激動，她覺得拿男人錢的就是壞女人，就算是以談戀愛的名義，也不能這麼做。

這次爭論讓寢室的氣氛變得很奇怪，室友A很快就叫男朋友在外面租了房子，搬出去和男友雙宿雙飛了。

若子當時沒有表現出自己的立場，因為她也不懂哪個到底是對的。如果說教育，若子小時候接受的教育也是獨立自強，不要隨便拿別人的東西。

可是另一方面，從小物質的匱乏和對別人的羨慕，讓她心底裡的欲望之火熊熊燃燒，根本沒辦法熄滅。

從這裡可以看到，原生家庭對於一個人原生性格的形成有多重要。

若子陷於價值觀的糾結和痛苦裡，可她看到室友A搬出去後，變得越來越漂亮，生活也和同學們大不一樣，十分讓人羨慕，所以她暗下決心，自己也要過這麼好的日子。

若子打算也學室友A那樣，先找個男朋友。

這時候問題就來了，若子根本找不到那樣闊綽的男朋友，因為她沒有A長得好看可人，家庭環境也沒那麼好，更沒有那麼多情場經驗，平時對她有好感的人也不多，想找個條件好的男生也比較困難。

若子很快意識到了自己的關鍵問題，那就是外貌。當時她聽到了這樣一句話，說外貌是穿越階層的利器，無論男女都是這樣。

當時的若子已經不是什麼也不懂的小女孩了，看看周圍朋友迷

戀的偶像，長得好看一點的女生和男生，被人們稱為小仙女和小鮮肉，大把的人願意追捧和倒貼他們。

所以若子打算改變自己的命運，她想要去做微整形。在這件事情上，若子倒是很有執行力，她用了一個暑假的時間打工，再加上生活費，又向哥哥借了一點錢，還真的湊足了最低要求的微整費用。

她做了雙眼皮，墊了鼻子。雖然在醫美行業，這只是兩個最小的手術，但也讓她吃足了苦頭。

暑假結束，同學們又回到學校。若子的全新容貌，讓同學們大為驚豔。他們發現，若子本來就是小臉小骨架，五官微調之後，整個臉就精緻了很多。微整後的若子，已經堪稱美女了。接下來的事情就變得順理成章了。變得好看的若子，果然有了很多的追求者，其中也不乏條件好的。

若子從此以後就能過著她想要的生活了嗎？

之後的那一年裡，若子過得很舒服，她跟著室友Ａ一起混進了當地富二代的圈子，也過著每天坐超跑、吃喝玩樂、瘋狂泡夜店的生活。後來她回憶起那段日子，仍覺得那簡直就是神仙般的日子。

整整一年的時間，她的生活就好像踩在雲朵上，軟綿綿的，踩不著地，日復一日的宿醉，混混沌沌，也不知今夕何年。

但好景不長，這一年過完後，若子好幾門課都被當了，老師忍

不住打電話給她父母。結果若子被爸媽拉回家，狠狠地揍了一頓。

　　父母不明白若子為什麼會變成這樣，也沒打算明白，只是簡單粗暴地把她打了一頓。而且父親告誡她，如果拿不到畢業證書，就和她斷絕父女關係，要她從此以後都不要回家了。

　　被教訓一頓回到學校後，若子想了一下，覺得這樣的生活，自己確實也不能持續下去。

　　首先當然是因為畢業證書的問題，如果學分被當太多，那就不能畢業。讀了那麼多年的書，最後連畢業證書都沒有，那也太虧了。

　　其次是她雖然混著富二代的圈子，但其實並沒有和誰談戀愛。這也是若子感到最迷惑的一點了，她現在的外型條件其實不錯，對她好的人也不少，也有喜歡帶她到處玩的人，甚至她也和喜歡的男生發生過關係。

　　可不知為什麼，那些人只是供她吃喝玩樂，卻從來沒人對她表白，想和她談一場真正的戀愛。

　　若子確實喜歡燈紅酒綠的生活，但她也想要甜甜的戀愛。這一年下來，若子認識了不少家境富裕的男生，但戀愛卻一個都沒談成，這讓若子又陷入了迷茫。

　　最後還是那個室友A替她解開了疑問。因為若子過分地享受奢

靡的生活，她從來沒有拒絕過任何人的饋贈，不管是別人帶她出去玩也好，買禮物給她也好，或者帶她逛街買東西也好，她都是來者不拒。

一個人如果接受所有人給她花錢，從來不拒絕別人，那在某個圈子裡，很容易會被定義為那種「不正經的女孩」。

雖然在那個圈子裡，也不乏這樣的女孩，但就男女關係來說，若子還算克制。然而大部分男人都會覺得，若子這種跟著他們玩的女生，只有玩樂的價值，並沒有談戀愛的價值。

說得難聽一點，若子因為從不拒絕，什麼好事都想要，最後被人定義成了「玩物」。

這個事實讓若子很難接受，雖然她迷戀這種生活，可從小受到的道德教育，還是讓她無法接受自己成了一個圈子裡的玩物。

說到這裡，我們也能發現一個真相，就是原生家庭塑造的原生性格，會讓我們沉醉於某種渴望的生活。但我們從小受到的道德教育，又會對這種性格產生巨大的束縛。兩者的矛盾，就像是「超我」和「本我」之間的糾纏，會讓人陷入痛苦。

若子在這樣的糾結痛苦中度過了相當長的一段時間，但還是無法下定決心脫離。而最後讓她擺脫這圈子的，是一個意外。

她懷孕了。

若子去找那個男人，結果男人根本不承認，他說若子又不止跟

他一個人發生關係，怎麼能肯定是他的孩子。

若子回憶時間、地點以及為什麼沒有避孕等細節，但男人依舊不承認。

最後，若子無奈地咬著牙說要把孩子生下來驗DNA，那男人才怕了。他開始用各種方法哄若子，又是送禮物，又是各種安慰，並且答應她，只要把孩子打掉，就給她一筆錢。

在男人的花言巧語之下，若子又昏了頭，被男人帶去做了手術。

手術後，若子才第一次見識到這個男人的冷漠。

若子出了手術室，就再也沒有見過那個男人。他像是人間蒸發了一樣，怎麼都聯繫不到。若子的通訊帳號被他封鎖，電話也不接，問他的兄弟，人人都幫他掩護。

反而是若子被那個圈子刻意地排擠了，那些曾經對她笑臉相迎的人，都不再帶她玩，甚至都不願意再理她。

若子這才明白，男人之前的種種承諾，其實都不過是穩住她的手段而已，目的只是為了讓她去墮胎。

而這種粗劣的手段能奏效，就是男人利用了若子的貪念和懶惰，讓她以為自己只要順從，就會有人愛她和給她錢花。

遭遇了這次挫敗之後，若子只能退出那個圈子，或者說，她是被人當成了一個潛在的麻煩，清除出了這個圈子。

若子經歷了一段人生中悽惶而悲慘的日子。墮胎後，身體留下來的傷害和精神上的折磨，讓她在寢室裡天天以淚洗面。

幸好若子的室友們非常善良，一直陪伴著她，日夜照顧她，讓她在最難過的那段時間裡，獲得了些許安慰。

在室友的包容之下，若子也終於清醒過來，之前自己認為是神仙般的日子，根本就是一種奢靡和虛無的生活。看起來五光十色、絢爛多彩，可並沒有一分一毫是真正屬於她的。她雖然在酒精裡沉醉，在欲望裡狂歡，可消耗的卻是自己的生命和青春。到最後，她只有受傷的軀體和一無所得的人生。

若子終於和之前的生活切割，在學校的最後一個學期裡，把被當的學分一一補上，然後又遇到了一個男生，開始了一段正式的戀愛。這段戀情的開始，讓若子終於明白了談戀愛是怎麼回事。

看到這裡，是不是覺得已經看完了若子的情感模式了？但其實不然。若子這一整段的經歷，再加上她童年、少年時期的原生家庭，只是形成她情感模式的歷程而已。

若子的感情經歷，從這裡才剛剛開始。

若子在大學的最後一年裡，認識了鄰校的男生B，他人很不錯，和以往認識的那種人全然不同。雖然這個男生家境並不富裕，但是個資優生，從小成績很好，靠自己的努力考上了大學，大學期間也不曾跟家裡要過生活費，一直都是自力更生，兼職打工，

最後不只賺到了學費和生活費，還存了好幾萬塊錢。若子和B在一起之後，過起了平淡且甜蜜的戀愛生活。她覺得自己如果不買奢侈品，其實平時也花不了多少錢，B雖然賺錢不多，但也能養得起她。

注意，這裡是若子自己的心理邏輯，但如果從旁觀者的角度，我們來檢驗一下的話，會發現這裡有典型的「享受型情感模式」的特徵。

那就是「心安理得」。

若子自認為不買奢侈品包包，也花不了多少錢。但實際上，他們每週都要出去吃飯約會，出門要專車接送，偶爾還要旅行。這種生活對學生來說，已經屬於比較大筆的開銷了。但因為若子將現在的生活和之前的奢靡生活做比較，所以她心安理得地認為，自己已經完全改過自新，成為一個很省錢的女生了。

其實，身為一個獨立的人，雖然還只是學生，但在正常生活之外的開銷，就應該是靠自己勞動所得。可若子卻覺得，男朋友幫自己買單，為自己負擔開銷，都是正常的，這都是男人「養」自己的一部分。

身為一個獨立的人卻希望被人養，這也是她「心安理得」的具體表現。

這樣的生活過了半年多，若子又面臨著一次人生的選擇，她畢業了。

她在學校所在的大城市裡試著找工作，但並不順利，所以就決定回家。因為父母托人替她安排了一份工作，從此若子和男朋友就過著遠距離戀愛的生活。

遠距離當然是很難熬的，若子和男朋友開始時常吵架，主要導火線就是若子覺得男朋友的陪伴太少。

若子看了一部愛情電影之後，學著裡頭的劇情，為自己下了個定義。「你要麼給我很多很多的錢，要麼給我很多很多的愛，不然，你為什麼是我男朋友？」

這句話在她和男朋友的吵架中經常被提及，也被她用來當作分手的理由。

男友B那時候真的是很愛很愛若子，他堅定地不願意分手，最後終於找到了兩人的癥結，那就是遠距離戀愛，導致兩個人感情生疏。

所以男友B建議若子放棄老家的工作，來他所在的城市生活，並承諾自己會對若子好。

若子覺得他們交往了很久，而且B對她也很好，說不定將來B會很有前途，現在放棄實在可惜，再加上自己和父母也經常吵架，所以就答應了。

若子辭去了工作，離開家鄉，來到了那個陌生的大城市。

若子沒有太多的顧慮，因為男友B幫她租好了房子，幫她找工作，還給她零用錢。

　　這樣的日子過得當然很好，若子就這麼無憂無慮地度過了兩年。

　　她並不知道，其實男朋友的壓力很大，房租外加談戀愛費用還要養女朋友，薪水完全不夠用，而且若子三不五時還要禮物，每年要買一兩個奢侈品包包。

　　無奈之下，男友B決定和朋友一起創業。

　　剛開始創業，若子是很支持的，她覺得男人創業當然能賺更多的錢，可以給她更好的生活，畢竟她也希望能在大城市裡買房、結婚、安家。

　　所以若子不僅幫男友B介紹客戶，到處宣傳，還安分守己地送便當給他。

　　創業的日子很艱苦，男友B的工作越來越忙，陪伴若子的時間越來越少，可收穫並不如想像中那麼多。若子期待中的富貴沒有來，甚至連從前的日子都維持不了。他給她的零用錢越來越少，直至再也拿不出來，連租房子的錢，都需要若子一起來承擔。

　　這種日子過了半年，若子就覺得很痛苦。她覺得什麼都不對了，她想要的生活完全消失了。現在她既沒有人陪，也沒有錢，更沒有未來，不知道自己為什麼還要在這樣的生活裡過下去。

　　若子開始天天和男朋友吵架，之後又陷入了冷戰。

在一個偶然的機會裡，若子認識了自己老闆的朋友，當地一個成功的商人。這個商人我們暫稱他為商人C，他見了若子，被她的美貌所吸引，就開始拚命地追求她。

商人C三十多歲，有過一次失敗的婚姻，他喜歡若子的披肩直髮，灑脫俐落，直接了當。他不管若子有沒有男朋友，每天開著自己的賓士來接若子，帶她去吃飯，帶她去買東西。

剛開始若子還有點戒備，她自認為不是個壞女孩，當然不能被人輕而易舉地用富貴收買。

但有一次加班下大雨，叫不到車回不了家的時候，若子想叫男朋友來接自己，誰料男朋友說在忙，要她自己想辦法。

這時候，商人C恰好開著他的名車出現，不僅接走了若子，還帶她去了高級餐廳吃大餐。紅酒、牛排、生蠔，對若子來說已經好久不見。她突然發覺，曾經讓她感受到溫暖的東西，都已經不存在了，而生活的單調和貧乏，又像是噩夢一樣回來了。

若子猛然醒悟，她要的確實不是這樣的生活，她要的是關愛，是滿足自己的愉悅感。

很快，若子就在商人C的瘋狂追求中淪陷了，她和男友B分手，搬進了商人C的單層豪宅，並且辭職在家，當上了她夢寐以求的老闆娘。

商人C當時是真心喜歡若子，並沒有像別人想的（男友B詛咒

的）那樣，一下子就把她甩了。

若子當然有自己出色的一面。雖然她有點貪圖享樂，可並非沒有可取之處。譬如她性格很好，熱情、率真、善良，一點都不做作，熱愛交朋友，並且從不會害人。

商人C大概是見多了那些口蜜腹劍的人，或者始終帶著面具偽裝的女生，所以和若子在一起時，他會覺得很輕鬆、很自在，也不需要防備。

過了不到一年，若子就和商人C結婚了。由於商人C是再婚，所以婚禮只是簡單地辦，這讓若子的父母非常不滿，但若子覺得自己能嫁得好就很好了，根本不需要計較這種小事。婚後，若子沒有再去工作，但也不能叫作家庭主婦，只能說是全職太太。家庭的富裕，讓她可以完全不用做家務，每天就是約約朋友，喝喝下午茶，逛逛街。

兩年後，若子誕下一女，家裡的保姆變成了兩個，她把更多的時間放在了孩子的身上。兩年後，她又生了一個女兒。

三十多歲的若子，有兩個女兒，不需要工作，家境富庶，在別人眼裡，簡直就是人生贏家。

但她真的是贏家嗎？

若子來找我時，哭了整整一個下午，原因是她老公又出軌了。在這裡用個「又」字，是因為她老公出軌這個事情，根本不是第一

次，可以說是慣性出軌。

商人C離過一次婚，當時若子根本沒去細究為什麼，後來才知道，是因為他時常出入風月場所應酬，而他的前妻根本無法接受，所以斷然離婚。

若子當然也多次發現老公去那種地方，但每次問的時候，商人C都百般哄著她，說自己不過是出去應酬而已。

當若子生完兩個孩子，周圍的太太們也紛紛說，男人去這種地方不過逢場作戲，不需要太過於計較，若子也就只當自己沒看到。

若子懷大寶的時候，曾接到一個電話，有個女人說她把若子老公睡了。事後若子問老公，卻被告之是競爭對手的惡作劇，這件事情也不了了之。

但這次卻截然不同，二寶一歲後，若子發現自己老公回家的時間越來越少。從前雖然忙，要出去應酬，可就算是酒氣沖天，就算是到了凌晨三四點，這男人總是要回家的。這也是若子給老公定下的底線。

可他回家的次數越來越少，之前還會找個藉口，什麼喝醉了回不來，去朋友家住一晚之類的，到後面連理由也沒有了。

就算一個禮拜難得回家一兩次，他對若子的態度也非常冷淡，連聊天都不太願意，回到家也就是逗逗女兒，睡一覺就算交差。

在這種情況下，若子起了疑心，於是趁著過年，老公在家吃年夜飯喝醉了的時候，去翻了他的手機。

這次翻手機，讓若子的整個世界都崩塌了。

若子雖然是個全職太太，可並不是沒有見過世面的女人，她當然早就預料到，自己老公肯定出軌過，但出軌也有不同情況。

在若子想來，男人逢場作戲，和風月女子在一起，是把那些女人當成工具，自己阻擋不了。

而其他一些主動送上門來的女人呢，要的無非就是錢，本質上就是用自己的年輕美貌換點錢花。這雖然會讓若子很不舒服，但她自認是正妻，覺得不會對她產生什麼威脅，所以也不用太過在意。

正是這兩個理念支撐著若子，讓她一直覺得自己的生活都在軌道上，並沒有問題。

但這次翻完老公的手機，一切都不對了，天都塌了。

原來商人C在外面，居然還有兩個家。不是有兩個女人，而是實實在在的家。兩個女人都被商人C叫作老婆，兩邊都買了房子，而且商人C還會定期去兩邊住一段時間。

只是這兩個女人，一個在外地，一個在當地，所以商人C之前所謂的出差，其實都是去了外地那個家。

最近一段時間，為什麼人在當地也不回家呢？竟是因為當地那個女人，為商人C生了一個兒子。

當地這個女人，剛開始大概只是商人C的魚水之歡，但當他發現女人懷孕，並且產檢查出來是兒子之後，立刻又是買房又是替女

人雇人安胎，直至孩子出生，商人Ｃ幾乎把所有的時間都拿來陪這對母子。

發現真相後的若子惶惶不可終日，她不知道該怎麼辦，既害怕，又不甘心。最後終於忍不住，跟老公攤牌了，告訴老公自己已經知道一切真相。

若子和老公攤牌的目的其實一點都不明確，她只知道自己不想生活垮掉，不想自己的家散了，但為什麼要攤牌，攤牌後要說什麼，一概不清楚。當時她大概以為，只要說出來，老公懺悔了，自己原諒了，事情就解決了，老公就會回歸家庭。

可惜她太天真了。

若子和老公攤牌後，本來期待著老公的愧疚和認錯，沒想到那男人竟勃然大怒，當場就搧了若子幾個耳光，之後揚長而去，整整半個月不回家。

若子完全傻住了，這和她想像的完全不同。她根本不知道這個男人是什麼意思，也不知道接下來該怎麼辦。

半個月不到，若子的內心像是死了無數次，沒有一天能好好睡覺，天天以淚洗面，尤其看著兩個女兒，自己內心的難過像是浪濤一樣不斷起伏。

最後若子只能強作冷靜地去老公公司，想看看老公到底是什麼意思。

商人C對若子依然沒有什麼好臉色，但這次，商人C給了兩個解決方案，讓若子自己選擇。

　　第一個方案是離婚，兩個女兒他只要一個，然後給若子一間三十坪的小房子和一千萬元現金，從此以後，他和若子就再也沒有關係。

　　第二個方案是若子好好地做個稱職的老婆，也就是當個「瞎子」和「聾子」，什麼都看不到，什麼都聽不到，也不能管他。如果這樣，那他還願意和若子繼續婚姻，並且讓若子保持現在的生活。

　　這兩個方案，就像是兩把刀子插進了若子的心，她當時什麼都不肯答應，甚至恨不得一頭撞死在商人C面前。

　　但商人C冷冰冰地讓若子回去想想，想想自己的生活，想想她父母的生活，想想未來女兒的生活，再去做決定。

　　若子沒有真的去死，她回到家之後，抱著女兒哭了三天，最後毫不意外地，她選擇了第二個方案，那就是當這件事情沒有發生過，只要老公不和自己離婚，她就能忍下去，只要現在的生活沒有改變，她就可以忍下去。

　　為了能讓自己的忍耐變得更可以接受，她不斷地告訴自己，這是為了女兒，為了能讓家庭維持下去，只要婚姻保住了，一切都保住了。

　　若子的這個選擇，在太太圈子裡居然獲得了一致的認同，那時候若子才知道，大部分表面光鮮亮麗的闊太太們，其實都是一隻隻

鴕鳥。為了保住自己的生活,把頭埋在沙堆裡,什麼也看不到,什麼也聽不到。

　　若子來找我的時候,她這樣的「鴕鳥生活」已經過了相當一段長的時間,她雖然選擇了忍受,但內心的情緒依然是崩壞的,所以她來向我求助,希望能獲得解脫。

　　我問若子,相不相信因果。

　　若子說當然相信,她認為善有善報,惡有惡報,所以自己的老公和那個女人一定無法長久,他們會有報應的。

　　這當然是一個美好的願望,但美好的願望最後都是用雞湯來呈現的,它們都於事無補。

　　我說的因果,指的是發生在自己身上的事情,也就是一個人的愛情基因「情感模式」,最終會決定一個人的人生和故事結局。

　　若子問,她是什麼情感模式。

　　當我告訴她,她是典型的「享受型情感模式」的時候。果不其然,她否認了。

　　因為若子覺得自己不是一個特別喜歡享樂的人,也不是動輒要買價值百萬元包包的人,而且她也過過苦日子,甚至她會幫著男人省錢,那麼她又為什麼會是享受型情感模式呢?

　　接下來,我們就來講一下,什麼是享受型情感模式,可能和大家想像的並不一樣。

享受，並且心安理得

享受型情感模式，顧名思義，它最重要的特點是：享受伴侶帶給自己的一切好處。

什麼意思呢？這就涉及我們在情感連結裡的一個常見情況：提供幫助和接受幫助。

我們現在常講自力更生，那麼在自力更生之外的，所接收到的事物，都屬於被幫助。

這裡就會有一個很典型的價值觀衝突。我們是否願意接受幫助，以及我們對於別人的幫助會接受到什麼程度。

有些人從小受到的教育就是不能隨便接受別人的幫助，所以這些人一般情況下是不會隨意接受禮物的，也不會隨便接受各種饋贈和好意。

但享受型情感模式不同，他們的核心價值觀是：**如果你是我的愛人，那你幫助我是應該的，你給我什麼都是應該的，如果你不主動給，我甚至有可能會主動要。**

所以享受型情感模式一個典型特點就是開心，他們不糾結。

每當他們的另一半要幫助他們或者送東西給他們時，他們會特別開心。但他們不會去想對方送自己東西是什麼意思，要不要還禮等。

出門吃飯伴侶付錢，他們會覺得理所應當；甚至有時候對方很長時間不送禮物，他們還會主動要求，希望對方送自己禮物。諸如此類。

他們並不會覺得向對方索取禮物是個羞恥的事情，甚至認為這才叫談戀愛。如果伴侶能夠滿足他們大部分的需求，他們會認為這個人是自己命中注定的那個人。

享受型的性格特徵❶：心安理得

有些人會說，談戀愛嘛，女生都是享受型的，女生都喜歡在愛情裡面享受，難道每個人都是享受型嗎？

當然不是。

這裡要提到一個區別。那就是**享受愛情的愉悅和享受型情感**

模式，是兩個截然不同的概念。

享受型情感模式有一個顯著的特點——心安理得。

有些女生在愛情裡也會很享受，但是沒那麼心安理得。

剛開始談戀愛，男人說我幫你付房租時，有些女生可能就直接拒絕了，有些女生接受了，但是總覺得好像欠人家什麼。

而享受型情感模式不同，此類人有典型的心安理得的特徵。會覺得我跟你談戀愛了，你替我付房租很正常啊。

「心安理得」四個字的意義是什麼呢？

也就是他們認為從伴侶那裡獲取什麼，都是天經地義。

他們會認為我和你談戀愛，和你成為伴侶，你就應該給我一些什麼，或者應該滿足我的需求。

這在不少人看來，可能是錯誤的觀點，但我們現在研究的是情感模式，而不是價值觀的對錯。

每個人因為成長經歷的不同，有著截然不同的性格和價值觀。

身為研究者，我們只是分析其成因，觀察其結果。

若子和許多女生不同的地方在於，也許大家都會接受禮物，但很多人收到禮物都想著要回禮，會覺得自己有所虧欠，這就不是享受型情感模式。

若子這樣的女孩會覺得收到男朋友的禮物是正常的，甚至是應該的，這種心安理得，才是享受型的基本特質。

享受型的性格特徵❷：雨過天晴

若子的脾氣很好，這是有目共睹的，這也是當初商人C會喜歡若子的原因。

但把享受型情感模式直接定義成脾氣好，並不是很準確。

享受型也會生氣，甚至不少人還蠻愛生氣的。他們只是給人脾氣好的觀感，但並不是真的脾氣好。

比方說，若子在商人C面前算是脾氣好的，可在男友B面前真的算不上脾氣有多好。遠距離戀愛的時候天天吵架，創業的時候天天吵架，不吵架的情況大概只有很短的一段時間。

所以，享受型是見人轉舵，還是見錢轉舵？是因為遇到有錢人，就沒脾氣了嗎？

並不是。

如果仔細去分析若子的性格和價值觀，不能簡單地說，她是向錢屈服的人。讓她生氣和變得脾氣好的原因，其實都是情緒，而不是錢。

換句話說，**享受型的人脾氣好，不是真的脾氣好，而是他們比較「好哄」**。好哄才是享受型情感模式的重要性格特點，我們可以稱之為「雨過天晴」。

享受型的人很容易生氣。但他們生氣往往來自需求不能滿足，需求一旦獲得滿足之後，馬上就雨過天晴了。

比如說一個女生想要過好日子 ，這個男人無法滿足她，到最後，她就會變得憤怒或暴躁。

在物質條件上，若子是一個非常典型的案例。剛開始的時候，她崇拜燈紅酒綠的生活，於是開始周旋在富二代之中。

後來她被傷透了才明白，自己應該去尋求真正的幸福。

於是刻意地找了個經濟條件普通的男人，她當時認為，只有經濟條件普通的男人才會老實，而兩個人只要透過努力，自然是可以改變經濟狀況的。

顯然，她並不瞭解享受型情感模式，也不瞭解自己。她以為自己能做到的事情，其實做不到。

當男友B沒辦法讓若子過最基本要求的生活時，她就會從感情上面尋找補償，如果感情上面也尋不到補償的話，那她就立刻會生氣，會感覺到不滿足。

非經濟條件方面也有同樣類型的案例。譬如有些女生不看重經濟條件，但看重陪伴，她們需要每天超過五小時的陪伴，男人和她在一起的時候，不能玩電腦，不能做別的事情。在這種情況中，如果男人工作一忙，她們百分之百會爆發。

在精神滿足上也有相同的案例。這個女生極度追求精神滿足，所以找了一個藝術家談戀愛。這個藝術家可以為她寫詩，可以帶她去感受風花雪月。可有一天，這個藝術家不寫詩不對她說情話了，她就會認為對方不愛了。

享受型情感模式在自己的物質或者精神需求不被滿足的時候就會生氣，但也很容易雨過天晴。為什麼說是雨過天晴呢？那就是享受型的人非常容易被哄，因此而滿足。無論是物質需求，還是精神需求，一旦不被滿足，他們就會生氣。可反過來一樣，如果他們的需求被滿足了，就立刻會雨過天晴，一點都不記仇。

享受型幾乎不掩飾自己的不開心，也不掩飾自己的需求。當他們生氣的時候，生氣的原因會表現得明明白白。

這時候，只要他們的另一半心領神會，立刻把這方面的需求補足，甚至是超量供給，享受型的人就會立刻雨過天晴，而且內心不會產生一點芥蒂。

這個狀態在若子的身上是很明顯的，她丈夫好幾次疑似出軌，這要是放在其他女生身上，可能早就鬧得天翻地覆了。

若子發現後也很生氣，但在丈夫超量的物質滿足之下，她很快就被哄好了。生氣，為什麼生氣很明顯，因為她們渴望對方來哄自己，並且她們很好哄，而且哄完了也不記仇。

這一系列的性格特徵，讓很多人都覺得，享受型的人脾氣好。但那並不是脾氣好，而是容易雨過天晴。

享受型的性格特徵❸：隨波逐流

很多人把隨波逐流當成一個人性格好的表現，其實是錯誤的。**隨波逐流不是性格好，而是放棄思考。**

享受型的女生，在相處之中經常會放棄思考。

很多人可能沒有意識到這一點，但你仔細想一想，是不是很多女生在戀愛之後，就會突然變傻。

她們很多時候會被男人說服，願意得過且過，甚至遇到問題後，都不去細想，先拖著再說。這就是享受型情感模式的特點，在被人安排好之後，會容易喪失自己的獨立性和自主能力。

享受型的人喜歡安逸，喜歡穩定。他們往往心很大，也就是會容易忽略很多細節。平時過得好的時候，完全沒有居安思危的意識，不會去想很多不好的東西。他們可以安安穩穩地過著舒服的日子，享受著別人給予的好，不去想別人的壞，也不會去想危險或者將來會發生什麼事情。所以我們經常看到的這種沒心沒肺、日子過得很開心的人，往往都具有享受型情感模式。

享受型的人，並不是沒有思考能力。如果他們獨自一人，或者是被迫獨立的時候，照樣有很強的生活能力和工作能力。

問題就出在當他們有了感情之後，一切都變了。而我們在研究情感模式的時候，看的就是一個人有愛情的時候，他和平時的不同

之處。

　　當享受型的人有了愛情之後，會變得很依賴他人。尤其是戀人提供好的條件，幫助她安穩下來之後，就會習慣性地放棄自己的獨立性和思考能力。

　　以若子為例，她畢業後一想到要租房子、要找工作就煩悶不已，於是當父母為她安排好了之後，她就順理成章地回家，接受父母替她請託的工作。由此可見，她對於自己人生的規劃是薄弱不清晰的。當男朋友B支持她來大城市時，激發了若子想要獨立，想要改變命運的鬥志，於是她果斷辭職，離開了父母。

　　但她做出這樣選擇的前提條件是男朋友給她租好了房子，甚至為她安排好了工作。在整個過程中，若子最大的主動性，其實是「接受」，而不是探索。

　　所以若子到大城市和男朋友在一起，其實是另外一種「隨波逐流」。她接受了男友B的安排，沒有考慮到其中的風險，也沒有思考太多前途的問題，只是順著感情裡的感覺接受了這一切。

　　男友B創業後，越來越沒有精力照顧若子，也沒有財力可以讓若子過舒服的日子。這時候若子感受到不滿，這種不滿在其他追求者的對比之下被快速放大。

　　當若子的心門被商人C打開後，商人C就接手了若子的生活。他幫若子下決心分手，替若子安排新的工作，為若子鋪好路。

原本若子可能需要花很長的時間才能分手，但在商人C的推動下，竟然在很短時間內就完成了。她就像是一段漂浮在水面的木頭，被波浪帶動，表面看是有很大的衝擊力，但其實這力量都是別人推動的。

　　若子自始至終都只是在隨波逐流而已。

　　享受型情感模式的這種特性，在很多人看起來，都是一種幸福。

　　有多少人夢想著斷手斷腳都可以有人養，希望什麼都不想，就有人幫她安排好一切。

　　其他情感模式的人，可能還會有一些不安全感，覺得別人都靠不住，但享受型的人，卻少有煩惱。這類型的人特別喜歡依賴另一半，覺得依賴另一半是天經地義的，這種信任感簡直是至死不渝的。

　　享受型的人認為整個人生都可以隨波逐流，有人安排好，只需要過最舒服的日子就可以了。

　　這樣是不是聽起來很美好，看起來也很美好？

　　可問題就在於，你能看到的永遠都是這類人最閃耀、最美好的時刻，但其他時候呢？

　　若子這個人生樣本的意義就顯現出來了。透過長期的觀察，我們最終可以看到，這類貌似幸福的隨波逐流，本質究竟是什麼。

若子的幸福生活在老公出軌，甚至有了私生子之後才算是結束。老公給了她兩個選擇，但對若子來說，其實只有一個選擇，那就是忍下去。

因為若子根本沒有想過離婚，她覺得自己已經三十多歲了，也將近十年沒工作了，生了兩個孩子，又不掌握任何的財產。

她老公久經商場，大部分的資產都和若子做了分割，如果離婚的話，若子完全可以想像自己的處境。

沒有工作能力，沒有錢，沒有老公，只有孩子，只有已經養成的驕奢的生活習慣。

這讓她怎麼活下去呢？

若子的老公早就預料到了一切，所以他給的兩個選擇，其實就只有一個選擇，他斷定若子只有這條路可走。

確實，若子也是選了這條路，這條屈辱的、漫漫無終途的道路。

那麼，享受型情感模式中這種幸福的隨波逐流，本質到底是什麼呢？

其實就是放棄。

享受型的人，在感情裡充分地依賴另一半，這像是一棵樹放棄了自己成為樹的能力，最後變成一棵藤蔓，靠著依附其他物體而生。

就像若子她看起來很幸福，不需要去戰鬥，不需要吃苦，也不需要堅持執著和傷痛。但與此同時，她放棄了獨立的能力。

　　這個問題，一開始是看不出來的，因為當時二十多歲的若子，才辭職沒多久，才結婚沒多久，和老公感情正好，風華正茂，她怎麼會去想將來的事情呢？

　　可十年之後，等她醒過神來，卻已經晚了。她一沒有了能力，二也沒有了勇氣。

　　從頭再來是一句很好的話，可她既然還能選擇忍耐，又怎麼會去選擇從頭再來呢？如果她有這個志氣，當初又怎麼會去依附一個男人呢？

　　所以享受型的人，整個人生軌跡是前半程像開了外掛一樣，突飛猛進，人人羨慕。而後半程，許多人開始遭遇巨大的挫折，發覺自己喪失了主動的能力，除了極小的一部分人，絕大多數人都被迫進入了一條全新的人生軌跡——忍耐。**而忍耐，就是享受型情感模式自隨波逐流之後的第二階段。**

　　透過觀察享受型情感模式的人生樣本，我們發現，忍耐竟然是可以訓練，並且能逐漸升級的事情。

　　一開始，你是個非常有底線，非常容易暴躁，非常不能忍耐的人。別人也不會突破你的底線，只是給你各種好處，用環境來麻痺你。

等到你不懂居安思危，以為自己得到的就是應得的，以為安全感滿滿的時候，終於有一天，發現別人一收手，你就只能癱在地上，連站立的力氣都沒有了。那時候你只能求著人扶著你，而你能做的，就只剩下忍耐了。

這時候，對方掌握了全部的主動權，他可以一步步地突破你的底線，最後，連你都找不到自己的底線在哪裡了。

享受型的性格特徵❹：戀人出軌率高

享受型的人，如果放大他們的人生軌跡，會發現有個很特別的地方。

就是另一半的出軌率往往很高。

對享受型的人來說，伴侶如果可以滿足他們很多的需求，那麼他們就會表現出很強的忍耐度。

比如說你是享受型，你想要的是什麼呢？第一個，你的伴侶最好是每個月能給你兩萬塊零用錢，最好每個月能帶你出去住兩次飯店。

你有這樣的需求，然後你的伴侶剛好可以滿足你這樣的需求。你的老公很愛出去旅行，特別喜歡開著車帶你去逛逛，帶你吃美食等等。這種情況下你就會有很高的忍耐度。

這個忍耐度表現在什麼地方呢？**你很可能會強迫自己忘記不愉快的地方。**比如說你的伴侶身高沒達標，但是你會覺得其他地方超出預期的滿足了你。他總是送你禮物，然後又經常帶你去吃飯，那身高這事你就忘掉了。你強迫自己忘掉了那些不愉快的地方，時間久了，就算你們吵架，這些事情你都不會再提起，因為他滿足了你很多的需求，以至於你說服自己，把他身上那些不如意的地方都忘掉了。

　　這就是忍耐度高的表現。

　　享受型的女生被分手的機率會比較大。為什麼？因為她們不會去想壞的地方，不關注細節，心也比較大。老公出軌了都不知道，男朋友移情別戀都不知道，男朋友早就想分手也不知道，然後感情出現問題直接跑來哭說：「陸老師，我分手了。」為什麼？我也不知道為什麼。當然這只是機率問題，不是每個人都會如此。

　　值得注意的一點就是，往往到最後，**很多享受型的女生會嫁得不錯。因為擁有這種情感模式的人有一個很強的優勢，她能夠發現什麼樣的人是真的能夠滿足她需求的，然後她就會很明確地選擇這樣的人，兩個人結合之後，她的日子會過得很好。**不過，這類人在結婚之後，伴侶出軌的機率也會比別人要高一些。

　　我們發現，有很多享受型的女生，在發現老公出軌之後都選擇了忍耐。我們之前說過，情感模式決定了你在發生糟糕的事情之

後，會做出什麼樣的抉擇。所以很多享受型的女生發現老公出軌之後都忍了，為什麼？因為她們不想放棄別人對她的好，不想放棄那麼多需求被滿足的狀態，所以只要老公不離婚，她們到最後基本上都會選擇忍耐。

這種忍耐和男人的出軌也有一定的相關性，有些男人出軌是因為他心裡面沒有恐懼感。他知道你一定會忍，他也就很容易突破心裡的界線，出軌的機率就會比較高。從某種程度上來講，是享受型情感模式的忍耐促進了伴侶出軌的可能性。

享受型情感模式的
形成原因

在這裡，我們要以若子為例，來探討一下享受型情感模式的形成原因。

我們在研究情感模式的時候，並不會武斷地認為這種好，或者那種不好。就像是我們把十二星座當成性格分類來探討時，也不會認為某個星座就是好人，某個星座就是壞人。

我們必須知道，人是複雜的。每個人的心裡都有善良的種子，但也有私欲的浸染，人性總是在黑白之間來回遊弋。

而人生又是一個長達幾十年乃至百年的跨越，所謂的好壞，所謂的幸福或者悲傷，往往只是某一個瞬間。

所以研究一個長的時間區段，從每個情感模式的成因開始觀察，才能夠形成最客觀的評估。

雖然情感模式的種類有限，但每個人的形成原因總是不同的。我們不可能找到每個人的具體成因，只能大致歸納出一些規律性的東西。

可能對你來說，並不是百分百精確，但沒關係，我們更重視結果。我們對成因的判斷，只供給大家參考。

原因❶：原生家庭帶來的物質期盼和道德約束的背離

可能很多人覺得，享受型的人，一定都在貧窮的家庭中度過童年的。

其實這是個誤解，在我們的長期觀察下，發現形成情感模式的原因和家境貧富的關係並不大。如果講比例的話，可能享受型的主體並不是出生於貧困家庭。

因為華人文化實在是太複雜了。譬如說我們有「人窮志不短」的訓誡，所以很多貧窮家庭出身的人，一輩子都不願意隨便接受別人的饋贈。

再譬如說，有些父母雖然自己不甚富裕，卻願意給子女盡可能充裕的物質條件，這也奠定了誕生另一種情感模式的基礎。所以，我們觀察形成享受型情感模式的家庭環境基礎，發現不是貧富，而是在親子關係中的物質期盼背離。

什麼叫物質期盼背離？意思是家庭環境其實並不算差，但在物質上對孩子比較苛刻，以致孩子會長期羨慕同伴們的物質生活，而父母卻認為這是不對的，甚至用道德的武器來進行管教打壓。

這裡有一個親子問題的悖論，我們對此並沒有做更多研究，只是提出這樣一個假設。那就是，當我們發現孩子對同伴擁有的物質享受表示羨慕的時候，家長們往往會進行教育，告訴孩子不應該追求更多物質享受。因為家長們認為，這樣做，會幫助孩子建立起良好的價值觀和道德觀。

但事實上真的如此嗎？

比方說，有的女孩平時可以吃冰淇淋和糖果，也有不少玩具，這不算是奢靡的享受。而有的家庭則管教嚴格，不允許孩子吃喝玩樂。但孩子們都處於人際關係中，很難避免會羨慕別人。

羨慕之後並沒有獲得滿足，還會被道德譴責。而在這樣的環境中成長的孩子，真的會有良好的價值觀和道德觀嗎？

還是那種持久的羨慕會被深埋在潛意識裡，在這個孩子的內心中，一直都有種聲音，在呼喚他釋放欲望，最終徹底地陷入享受呢？

從另一方面來看，如果我們願意滿足孩子們不太離譜的物質需求，只掐斷一些不切實際的和比較的欲望，讓孩子不會長期去羨慕

別人，更不會把這種羨慕情緒壓抑到潛意識之中。這樣的孩子難道就一定會道德敗壞嗎？

在原生家庭裡，尤其是在不算貧困的情況下，對孩子欲望的抑制嚴重扼殺孩子的物質需求，讓孩子長期羨慕他人，並被父母道德打壓。這種教育方法，將會在孩子的內心埋下享受型情感模式的種子，雖然當時還看不出來，但將來有一天，或許會生根發芽。

拿若子來舉例，她的原生家庭經濟條件尚可，所以她的生活條件和受教育程度並不差，而父母對她卻極為嚴苛。

若子有兄弟，但家裡就這麼一個女兒，看別人家對女兒都是百般疼愛，可她想吃零食沒有，想要洋娃娃沒有，出去郊遊也沒有零用錢。父母永遠都用「小孩子要節省，不能亂花錢」的觀念來教育她，告訴她好孩子是不會吃零食、不需要穿漂亮衣服的。

在原生家庭裡，父母身為權威和權力掌控者，當然不會被反駁。但問題就在於，當一個欲望被觸發之後，它要麼被打消，要麼被滿足，要麼被掩藏。

要打消孩子內心升起的欲望，只用大道理來教育是遠遠不夠的，這個在很多教育學者的著作中也有闡述。可還是有些家長會認為，只要講幾句大道理，就能讓孩子放棄自己的欲望，而這欲望恰恰是周圍所有孩子都被滿足的。

只能說，持有這種觀點的家長太天真了。

我很欣賞一些家長的做法。他們在沒有經濟能力買玩具給孩子時，就會抽出時間來陪孩子一起做玩具，或者玩遊戲，讓孩子在別的範圍內獲得同樣的精神愉悅感。這種愉悅感，足以讓孩子打消原本的欲望。

　　但只是憑藉幾句話，就想要讓孩子接受別人都有的東西，自己卻不需要有，這實在不夠科學。

　　所以長期來看，若子的欲望並沒有被打消，當然也沒有被滿足，只是被掩藏起來了。

　　所謂的掩藏，就是被壓抑進了潛意識裡。

　　所以若子在後來回憶童年時，說自己不知道多少次告訴自己，以後一定要賺錢。賺了錢就可以吃很多好吃的，可以買生日蛋糕，可以買新衣服穿。

　　這就是我們說的物質期盼背離。我認為這是一個很典型的享受型情感模式的種子形成期。

　　闡述這一段內容的目的，並不是建議家長們無限度地滿足孩子的需求，事實上過度滿足也會帶來很嚴重的原生性格問題。

　　只是提醒大家，面對孩子的欲望，絕對不要粗暴對待。當然，種子只是種子，真正的情感模式形成還在後面。

原因❷：在成長過程中學來的

我們在講若子的案例時，曾經提到，當若子懷孕，被騙墮胎，然後離開那個富二代圈子後，她的享受型情感模式才算正式建立起來。

這裡會讓很多人感到疑惑，一個人決定離開那個享受的圈子，怎麼反而會正式形成了享受型情感模式呢？

下面要告訴大家我所總結的情感模式的形成方式。

人們往往認為，原生家庭形成自己的原生性格，所以未來自己不管變成什麼樣的人，都和原生家庭有關。

我是很排斥這種想法的。

在對情感模式的研究過程中，我發現原生家庭並不會完全塑造一個人的情感模式，最多只是埋下一顆種子，而且要在感情關係的一次次體驗中，才會逐步正式形成一個人的情感模式。

再經過多次感情挫折，讓情感模式獲得不自覺的改善。

需要注意的是，人的情感模式是在不斷變化的，當下所確定的情感模式，也只是這個人某一階段的狀態。

所以，**我們可以感嘆原生家庭帶給我們的不幸，但不要接受自己不幸的結果，因為真正的情感模式是在我們的整個人生裡慢慢建立起來的。**

有多少次的情感連結，我們的情感模式就會被改善和變化多少次。

　　譬如說若子，她在原生家庭裡，因為長期壓抑著自己的欲望，導致潛意識裡有很強烈的滿足欲望的需求。

　　她同寢室的那個同學就成了最好的學習範例，只要交到闊綽的男朋友，就可以隨便吃喝玩樂。在這種範例的引導下，若子完全喪失了判斷力，一頭就鑽了進去。

　　人的情感模式，很大一部分是學來的，也可以認為是訓練出來的。而訓練就會有正向強化或者負向強化。

　　一開始，若子透過整型獲得了很大利益。變美後，男人開始寵著她，給她錢花，這是典型的正向強化。透過這次正向強化，若子覺得自己投身富二代圈子是對的，只要變得好看，就會有男人給她錢花。

　　這是個非常危險的訊號，有不少人就是在這種正向強化之下迷失的，從此變成為了金錢可以出賣一切的人。

　　很多人可能在想，如果一次正向強化就會讓人變成出賣靈魂的人，那從小的家庭教育和道德教育還有什麼用呢？

　　區別不在於正向強化，因為人是很難拒絕好處的，重點在負向強化上，也就是在面臨挫敗時，一個人會如何反思。

　　若子的變化就來自她懷孕後被始亂終棄，這次負向強化的到

來，讓她迅速意識到，自己之前所有獲得的好處都不是長久的，都是帶著隨機性和欺騙性的。

而且在這次挫折裡，若子終於又記起了自小道德教育的影響。她忽然警覺，如果自己再這麼墮落下去，就會成為一個受人唾棄的，可以隨意出賣身體的人，這會帶來更加慘痛的人生結局。

從這個例子可以看出，親子教育裡的道德教育，如果沒有負面強化的影響，其實很難影響一個人的人生選擇。但當負面強化出現時，有過道德教育的人，往往會懸崖勒馬，而從小缺乏家教的人會不知悔改，並繼續墮落。

所以小時候的道德教育是有用的，這點請謹記。

經歷了這次負面強化後，若子才終於建立起自己的情感模式，也就是享受型的情感模式。但同樣的情感模式，對於人生也是會有不同選擇的。

若子並沒有放棄對生活的享受，也沒有想要積極努力地奮鬥，但她卻杜絕了自己成為別人玩物的可能性。

若子選擇的人生方向是正經地談戀愛，正式嫁人，用找個好老公的方法，來讓自己的人生回歸到正確的軌道。

這種選擇是對是錯，我們暫時不討論，只是看這個選擇的形成過程。

在整個情感模式形成的過程中，有若子從原生家庭裡學到的部

分，有對寢室裡愛享受的女生的模仿，她也同樣受到了另外兩個同學的影響。若子接受了很多男人的好意，同樣也被渣男的傷害狠狠地教訓了一番。

整個過程都是學來，也就是說，一個人的情感模式，是在各種感情關係中學來的。

它來自原生，但並不是完全原生的。

原因❸：隨波逐流的本質──讓自己過得容易些

什麼是人生裡的隨波逐流呢？都說命運掌握在自己的手裡，但實際上，很多人的命運卻是被別人推動的。

你身邊的親人、戀人，始終想要決定你的生活，試圖影響你。

最後，你就像身處一條波浪滔天的河裡，被波浪不斷推著走，最後失去了選擇方向的能力。

相信在聽若子的故事時，很多人一定會對她的隨波逐流和最終屈辱忍耐而感到扼腕嘆息。

在觀察別人時，我們以上帝視角可以發出一些感嘆，但如果你真的身在其中，又能否抽身出來呢？

這裡要告訴大家，為什麼一部分人會放棄思考，隨波逐流？因為隨波逐流帶給我們太多太多的好處，可以說，它把人的欲望、愚

蠢和懶惰，都一次全部滿足了。

可能許多人都想不通，為什麼若子不靠自己奮鬥，而是要一而再，再而三地靠男人。

若子的價值觀當然是不對的，但很多人在生活裡，並不是靠價值觀來指明方向，而是靠當下利益來權衡選擇的。

打個比方，當你大學畢業的時候，有兩個工作供你選擇。一個是月薪五萬元，每天工作八小時，錢多事少離家近，同事友善，也沒有什麼潛規則。

而另一個月薪兩萬四，每天工作十二小時，進去就是最底層、最壓抑、最容易挨罵的職務，甚至會遇到各種職場問題。

你會怎麼選？

毫無疑問，大家都會選擇第一個工作。因為好處最多，生活最輕鬆，而且也沒有什麼肉眼可見的實際壞處。

好，那現在告訴你，第一個工作是父母幫你安排的，所以比較可靠，也比較有前途。而第二個工作是以你現在的能力，可以找到的唯一工作，基本沒什麼前途，只能混一個溫飽，以求將來換工作再發展。

你又會怎麼選呢？

除了極少數非常有志氣的人，絕大多數人依然會選第一個工作。

畢竟你才剛畢業，沒有太大的能力，父母是親人，不會害你，而且一個好的工作、一個好的起點對你的人生太重要了。

　　這種選擇是人之常情，其實並沒有錯，從任何角度來看，都是對的。

　　那再推進一層。如果第一份工作不是父母找的，而是你正在熱戀中的男朋友幫你找的呢？

　　你設身處地想想，你戀愛談得正開心，你男朋友很關心你，還幫你解決問題，甚至還托人幫你找了這麼好的工作。你有可能不去嗎？你當然會去，而且還會把這當作男朋友愛你的證據，會向別人炫耀。

　　而這確實也是你男朋友愛你的證據，他也沒有什麼壞心思，就是想要讓你過得好一點，輕鬆一點，起點比別人好一點。

　　於是我們發覺，不管是父母幫你也好，男朋友幫你也好，還是老公幫你也好。在一個好的感情關係裡面，我們會非常自然地接受幫助，讓自己過得輕鬆一點。

　　讓自己過得輕鬆一點，這句話聽起來是那麼天經地義。然而，這就是隨波逐流的開始。

　　因為隨波逐流的本質就是，讓自己過得輕鬆一點。

　　讓自己過得輕鬆一點，有什麼錯呢？並沒有錯。但這簡單的一

句話裡，就有人的欲望、愚蠢、懶惰。所以讓自己過得輕鬆一點，其實已經滿足了你的全部欲望、愚蠢和懶惰。

第一次，你想讓自己過得輕鬆一點。第二次，你還是想讓自己過得輕鬆一點。一而再，就會有再而三。

若子也不是從一開始就喪失了獨立能力的，她不過是在每個人生的十字路口，都做了想讓自己過得輕鬆一點的選擇。

這樣的選擇錯了嗎？我們回過頭來看的時候當然覺得錯了。可是在那每一個選擇的瞬間時，你真的可以清晰地辨別嗎？

《孟子・告子下》中寫道：「故天將降大任於是人也，必先苦其心志，勞其筋骨，餓其體膚，空乏其身，行拂亂其所為，所以動心忍性，曾益其所不能。」

讀過書的人都會背這段，可真的在生活裡，有多少人願意選擇去做這樣艱難的事呢？

我們所謂的幸福生活，不就是讓自己過得輕鬆一些嗎？這就是享受型情感模式運行的核心基礎。

原因❹：命運的責任轉嫁

最後，講一個享受型情感模式的性格特點，也是性格形成的基

本軌跡，就是命運的責任轉嫁。這是什麼意思呢？簡單來講，**享受型情感模式的人都信命，或者說是相信自己的傷痛都是別人造成的。這是一種不斷自我強化的性格特點。**

譬如若子，她在學校裡，看到同學既漂亮又受歡迎的時候，會埋怨是父母沒把她生得漂亮，埋怨自己家裡環境不好。等到她懷孕被始亂終棄後，情緒找不到出口，只能不斷地咒罵渣男，怪自己命運多舛。

而當她遭遇各種生活瑣事，甚至沒有辦法選擇獨立的時候，又開始抱怨原生家庭的問題，覺得原生家庭是自己出現一切糟糕情況的罪魁禍首。

這就是命運的責任轉嫁。

因為我們每個人都是獨立的個體。父母也好，男朋友也好，都沒有實際的權利來束縛、管理我們。

我們之所以在感情關係裡感覺不自由，是因為我們放棄了自由的權利。這種自由的權利，叫作「損失」。

我在算愛社的課程裡曾一再地闡述一個原創的觀點：「自由來自損失！」

你不自由，是因為你不想承擔損失。而當你想要輕鬆一點的時候，就聽從別人的安排，自己就慢慢地喪失了選擇和主導的自由。

你因為想要過得更輕鬆一點，下意識地放棄了自由的選擇權。而一旦自由選擇權完全失守，再也沒有迴旋餘地（或者需要損失更

多才能從頭再來）時，你發覺只能怪自己，但你又不想怪自己。

這時候，「自我心理防禦」開啟，你開始下意識地怪別人。

如果有別人可怪，譬如父母、原生家庭，你就會怪他們。如果有渣男存在，你就會怪他。如果什麼都沒有，那最後你只能怪自己的命不好。

這種自我心理防禦的開啟，讓你的情緒變得更容易平復。這也是享受型情感模式的人總是能夠自我安慰的主要原因。

自我安慰和平復情緒當然是好事情。

但太容易平復和原諒的結果是喪失了改變的動力。

傷痛並不是只有負面意義。其實痛苦的正面意義比負面意義更大，那就是推動你改變，推動你去選擇正確的道路。

但享受型情感模式的人，因為太容易獲得自我安慰，太容易原諒自己，太容易把責任歸結到命運和別人身上。所以痛苦對他們能起的作用，無非就是哭幾天，找個人抱怨一下。

除此之外，在面對更多、更艱難的動作時，他們竟然全無動力了。

以上，就是我們對於「享受型情感模式」的解析，如果你是這一類，千萬不要覺得自己很糟糕。其實所有的情感模式，都有其積極的一面和糟糕的一面。

等全部情感模式闡述完，我們會具體講述要如何去改善自己情感模式的負面影響。

4

自虐型情感模式

自虐型情感模式的人，是不容忍瑕疵的。任何瑕疵，都代表著腐壞。他們的一切動作都是朝著最壞的結局而去的，在感情關係裡，他做的是那個想要搞砸一切的人，然後看對方會不會來拯救感情。

你是一個不安公主

在因感情而痛苦的人群中，自虐型情感模式是最常見的。我們在選擇自虐型情感模式的案例時，發現了許多原生家庭迥異，最後情感模式卻殊途同歸的情況。

所以我們將許多人的人生經歷融合在一起，放在一個人身上。如果你們從這個案例上看到了自己的影子，不用懷疑，那就是你人生的一部分。

之前提過，情感模式的建立，其實並不是原生家庭的環境和條件決定的，而是由一個人的成長經歷和感情關係所推動的。

白妍就是這樣的一個典型案例。

白妍的童年其實過得不錯，她的父親是公務員，母親是家庭主

婦。雖然她不是出生在大城市，但家境小康，從來不為吃穿發愁。白妍的家庭教育也很好，母親對她照顧得無微不至，而且在白妍很小的時候就把善良、正直等觀念傳遞給她，希望她建立起正確的價值觀。

父親則會經常帶著白妍去很多場合，讓白妍看到自己是怎麼和人相處交流的。

按理說，這樣的原生家庭人人羨慕，教育出來的孩子應該也是內心健康陽光的。

但是有一個關鍵問題，那就是白妍的父母太愛女兒了。

太愛女兒不好嗎？多少人因為情感忽視，變得毫無安全感，一生都在追求愛，最後變得傷痕累累。

能夠有寵愛自己的父母，這是多少孩子盼望不來的。

白妍從小就很漂亮，父母害怕她以後會被人騙，所以一而再，再而三地為她建立防騙的「防火牆」。

防火牆分為幾個部分。

自虐型的防火牆❶：充裕的物質生活

首先白妍能獲得同齡孩子能得到的大多數物質滿足。雖然，她

的家庭並不是特別富裕，談不上奢侈，但新衣服、好吃的、玩具、旅行都不會缺。

白妍基本上不需要羨慕別人，她想要什麼，只要看一眼，父母就都會買給她。有時候父母只是看到別人家的孩子有了什麼東西，都會買來送給女兒，有時候送太多了，甚至還會被白妍嫌棄。

周遭的親戚朋友也和白妍的父母差不多。因為白妍從小就長得漂亮可愛，又受寵，所以總是有人送各種各樣的東西給她。在學校裡，她也是同學關注的風雲人物。

自虐型的防火牆❷：拒絕一切外在的贈予

這又同時啟動了第二道防火牆。父母開始不斷灌輸她，別人送的東西不能隨便拿，一定要拒絕外人給的禮物和錢。

這個道理說得多了，讓白妍養成了一種抗拒一切贈予的生理反應，只要是別人送禮物，她第一反應肯定都是拒絕。

注意一下，這裡的父母教育和若子父母的道德灌輸是截然不同的。

若子父母也教育若子不能隨便拿別人東西，但另一方面，對若子又十分苛刻，以致她長期處在羨慕別人的心理狀態裡。

而白妍的父母一直讓女兒生活在充裕的生活環境中，讓她不需

要羨慕任何人，甚至別人送給她的東西，她早就已經擁有。這種情況下，她根本不需要去接受別人的好意。

所以說，親子教育是一件非常細微的事情，一點小小的區別，對於原生性格的影響都是深遠的。

父母再三跟白妍強調，別人送你東西，一定是有所圖，而我們家什麼都有，你想要什麼，都可以直接跟父母要，所以根本不需要拿別人東西。

父母灌輸的這些觀念，不斷在白妍的生活裡強化，讓白妍一方面形成了拒絕的習慣，而另一方面，什麼東西只要她想要，就可以擁有，反而讓她慢慢對擁有一些東西失去了樂趣。物質對她來說，已經不再是很重要的享受了。

自虐型的防火牆❸：外面的世界很危險

這時候，第三道防火牆又開始了。父母開始告訴白妍，外面是很危險的，有很多很多壞人，他們若對你好，都是有所圖的。

壞人很多，壞的東西很多，到處都是危險，所以要謹慎小心。要學會觀察別人，鑒別好壞。

很多有女兒的家庭都存在這道防火牆，就是把家內和家外，分成涇渭分明的敵我陣營。家裡是安全的，家外則處處充滿風險。

這道防火牆對很多家長來說，都是為了保護女兒設置的。但是，其中對於外面世界的恐怖黑暗描述，卻嚴重地影響了孩子的原生性格。

那就是外面的壞人很多，除了自己人，其他人都要小心提防。以至於這些女孩在建立人際關係和建立情感連結時都會變得非常被動。

很多人在長大後都會疑惑，為什麼自己總是不能主動去追求自己想要的東西，為什麼始終是被動的。原因就在這裡，你從小的教育，在你的潛意識裡注入了要留心家人之外的任何人的觀念。

這類人有以下意識特徵：

他們會把所有人分成家人和外人兩種，只要歸入家人類別的，就無上限地信任，完全不防禦。而如果是外人，則處處帶著審視的目光，甚至是審判。

和她們交朋友、談戀愛是不容易的，需要經過被審判、被審視的階段。一旦成功地被列入家人行列，就可以隨意對待他們了。

以上這個特徵一定要記住，這個特徵會貫穿自虐型情感模式的一生，許多悲劇都因此而來。

白妍在這樣的家庭關係裡成長，性格裡面裝滿了過度滿足和過度警惕的特質。這看似矛盾的兩點，卻在同一個人的身上並存著。

白妍成績不太好，但外型出眾的她很早就出道了。剛開始她會接一些廣告和小演出，日子過得也很好，但基本上不太能脫離家人和朋友。

　　有一點要先說明一下，在自虐型情感模式的案例裡，家人並不是指有血緣關係的父母、兄妹、子女，而是指被他們當成家人的人，這裡當然也包含了朋友、閨密，也包括正式戀愛後的另一半。

　　白妍雖然長得很好看，但談戀愛的次數不太多。在高中時就有人早早的戀愛，大學更多人都在忙著談戀愛，不過白妍一點都不著急，甚至在很多人追求她的時候，她依然沒有反應。

　　朋友曾經問她，有這麼多人追求你，你為什麼不談戀愛呢。白妍回答，我為什麼要談戀愛？

　　這個回答，代表了一種典型的心理狀態，那就是對於情感沒有需求。不是因為他們不需要，而是因為他們從來不缺人愛（這不是所有自虐型情感模式的共同特徵，只是其中一部分人的）。

　　而寧可單身，也不敢隨便戀愛的人呢？不是因為他們不需要，而是沒有安全感，而他們沒有安全感的根本原因就是「焦慮」。

　　一方面因為他們內心對外界的警惕，導致他們對建立全新的情感連結和人際關係很焦慮，不敢輕易建立情感連結。另一方他們其實並不缺情感滿足，所以才會保持單身，沒有輕易地戀愛。

　　這是典型「自虐型情感模式」的焦慮導致的。

　　像白妍這樣成長環境的女生很多，一個人在家人和朋友那裡獲

得了足夠的情感撫慰，也就沒有動力去拓展和異性之間的感情。

這是愛多了，導致不想再多一點更麻煩的愛。

白妍就是這樣的狀態。她有愛她的父母，有各種圍著她轉的好朋友。

她根本不需要主動去維護人際關係，對男人們的追求也不感興趣。但還是有各色男人去追求白妍，他們走馬燈一樣地送花、送禮物給她。

雖然白妍並沒有接受這些人的追求，也沒有接受禮物，但在外人看來，被那麼多男人圍著，本身就是一種「不正經」。激烈的追求者和旁人的閒言碎語，都對白妍產生了影響，讓她對於外界的風險有了全新的認識。可以說，這是白妍第一次真正獨立面對外界的風雨。

這點風雨對很多出身艱苦的人來說並不算什麼，但對在溫室裡長大的白妍來說，簡直就是眾口鑠金，全世界的人都在針對她。

白妍感覺很痛苦，她變得更宅，除了工作，幾乎不怎麼願意出門，平時只和幾個交情好的朋友在一起。

這個階段，我們可以看出來，白妍的內心是很脆弱的。

很多人可能會說，白妍從小到大都沒有經歷過什麼，怎麼會脆弱呢？

恰恰就是因為沒有經歷過什麼，所以才會脆弱。

我們的抵抗力和免疫力，都是來自一次次的傷害洗禮。身體機能是這樣的，精神意志是這樣的，心理狀態也是如此。

我曾看過這樣一個科幻小說，作者假想人類的科技已經高度發達，於是人類開始消滅各種致病細菌和病毒，花了很多年的時間，終於把所有的病毒全部消滅。這也就意味著之後出生的人類，將再也不會受到傳染病的侵襲。

科學家們本來以為，這會讓人類不斷延續。可誰料到百年之後，一顆隕石帶來了宇宙中的病毒，這只是非常微弱的感冒病毒而已，但就是這小小的病毒，卻導致了人類的滅絕，因為人類太久沒有生病了，已經再也沒有抵抗力和免疫力了。

我們的一生也是這樣，很多人擁有很好的特質，譬如堅韌、努力、不屈不撓、內心堅定。這些特質都不是某個老師教的，而是在一次次生活挫折的磨礪中自然生長出來的。

也正因如此，我們才會覺得磨難才是成長中最好的老師。

但在我們黏稠的親子模式裡，很多家長都迷信口頭教育，迷信學校教育，認為一個人的思考和想法可以完全靠口頭教育就解決。

而另一方面，家長們又極其熱衷替孩子排憂解難，幫助孩子清除困難，讓孩子有更高的起點，盡量讓孩子不受傷害，保護孩子的自尊心。

父母們認為這是愛，但這就像是那個科幻小說裡的科學家一

樣，短暫的美好之後，帶來的卻是耐受能力的退化。

「耐受能力退化」的意思就是，本來一個人是可以經歷很多磨難，承受住很多痛苦的。承擔痛苦本來就是我們天生的能力之一。但由於父母太愛孩子，不想孩子遇到困難和痛苦，想保護孩子的一切，導致自己的孩子喪失忍受痛苦的能力。

總而言之，在朋友們看來，白妍是冷靜、理性和有頭腦的。因為她可以毫不留情地拒絕一個個追求者，而且對於物質世界的利誘毫不動心。

但事實上，擁有超強自尊心且從來沒有被傷過自尊的白妍，是極度脆弱的。她的內心像是個瓷器，只能用極端的方式來保護，否則一不小心就會碎裂。

這就是成長到青年時期的白妍擁有的原生性格。而這之後，這種性格將促使她在各種情感連結裡，慢慢養成自虐型情感模式。

白妍一直都沒有和男生談戀愛的衝動與動力，那是不是她就再也不會戀愛了呢？

事實上，大學畢業後沒多久，白妍就開始戀愛了。

因為我們很多的戀愛行為，並不是因為自己需要，而是學來的。

白妍的閨密們，紛紛開始談戀愛。白妍倒是沒有什麼孤獨的感受，只是她覺得自己沒談過戀愛，或許可以一試。

她在想嘗試的時候，愛情剛好就來了。

　　白妍才剛對閨密說，考慮要談個戀愛，閨密們就把這個喜訊傳遞到了周圍那些等待已久的男生那裡。

　　其中就有一個超帥的男生，迅速出現在了白妍的身邊。這個男生帥到什麼程度呢？就像從漫畫裡走出來的人。

　　這男生本來就和白妍她們這群女生走得很近，但一直都沒有表現出對白妍的心意。這次發現白妍想要戀愛的時候，竟第一個跑出來約白妍。對白妍來說，談戀愛是第一次，她也不知道什麼是好，什麼是不好，反正有人約就去了。

　　帥哥美女的組合確實很養眼，他們才約會了一兩次，周圍的人就紛紛起鬨，說他們是天作之合，絕對要在一起。於是，兩個人順理成章地在一起了。但這段感情，只持續了不到三個月。

　　白妍第一次戀愛，對於愛情裡的甜蜜當然也很滿意，但她從來沒有想過，愛情還會帶來很多負面的東西。

　　譬如，很多人會誇她男朋友長得帥，而男朋友聽後，也總是會很得意。這讓白妍很反感，因為她從來不覺得一個人長得好看有什麼了不起的，她自己就不太喜歡被人說好看，男朋友一直被人讚美，還為此得意揚揚，讓她覺得很尷尬。

　　另外，在工作上，男朋友總是想著從女性客戶身上坑錢，這也讓從小有著較高道德品質生活的白妍受不了。男朋友可能覺得自己年輕好看是本錢，要努力抓住，只要有中年女客戶出現，就會想

方設法地坑她們的錢。白妍覺得，不能為了賺錢，去騙人、去坑人。

壓垮駱駝的最後一根稻草，是在夜店裡白妍看到男朋友一直被很多女生圍著，而他居然樂在其中。

白妍突然就明白了，她覺得和這樣的男生談戀愛，自己和那些主動投懷送抱的女生有什麼區別呢？

她以前不知道自己想要什麼，但那一刻，她至少知道自己不想要什麼。那就是不專屬於自己的，她絕對不會要，哪怕是被別人染指一點點也不行。

白妍剛開始以為是自己太敏感，過於吃醋了。後來冷靜下來想想，發覺這根本不是吃醋，因為她分手後就對那個男人毫無留戀了。如果是吃醋的話，那不是因為愛嗎？

我們仔細分析會發現，這其實是自虐型情感模式的一個典型特點：抗拒感情關係裡的競爭。

自虐型情感模式的女生，非常討厭感情關係當中有競爭，所以她們不會和別人搶男人。不要說主動搶了，就算是她們自己的男人，有人來搶都會非常生氣。

若這個男人沒有非常明確地拒絕別人，甚至還留有曖昧的餘地，那麼自虐型情感模式的人會斷然離開。

她們堅定地認為，需要搶的感情，根本不是真感情。

白妍毫不留戀地和男朋友分了手，這給對方打了一記悶棍。他回過頭來求白妍，卻被果斷地拒絕了。

朋友們其實也不太能理解，因為這帥哥並沒有出軌，甚至在別人看來，也沒做什麼特別過分的事情。

但白妍卻很堅定，她不需要給任何人交代，她不開心就是不開心，不開心就可以分手。

之後白妍又有很久沒有談戀愛，直至一個叫子章的男人出現，她才有了一點再次戀愛的打算。

子章是個富二代，但他並不是那種只會吃喝玩樂的富二代。雖然家裡有錢，但是自己創業，而且還很成功，追他的人當然也非常多。一次朋友聚會的時候，子章遇見了白妍，一見傾心。

他開始拚命追求白妍，這個追求過程，被人稱之為「二十四孝式」的追求。

他每天親自開車，全程接送白妍，也到處找好吃的，送到白妍面前。有任何事情，都不需要白妍說什麼，閨密一通電話，立刻就全部辦好。

禮物、衣服、鮮花等，都是他拜託白妍收下的。

甚至白妍去工作，他都會全程陪著。劇組的人發現子章比助理還細心，連白妍吃飯他都是全程伺候著。除了需要她自己上廁所，其他什麼都不用做。

能讓一個高富帥如此無微不至，別人都羨慕極了，但白妍卻只是覺得還好。因為這一切，都不是她自己要來的，而是別人主動求著她接受的。

白妍確實也享受這種被人照顧的感受，所以她順理成章地和他談起了戀愛。這次戀愛兩人交往了一年多。

剛開始的半年，子章花所有精力在對白妍好，把在追求期間的努力保持下去，讓白妍挑不出半點毛病。

這裡有個很奇特的現象就是，男人在面對自虐型情感模式的人時，比面對享受型情感模式的人時付出的更多。

可能很多人覺得，享受型會享受得多一點，其實不然，因為享受型情感模式總是隨波逐流，隨遇而安，所以她們獲得一點點就滿足了。

而自虐型情感模式的人，她們不僅要得多，而且還要人猜，還要人以一種不讓她們自尊心受損的方式給予。

一個自虐的人，自然而然地會虐人，這是毫無疑問的。白妍對子章可以說態度很差，呼之即來，揮之即去，稍有不滿就各種翻臉和冷暴力。

在交往的前半年裡，子章逆來順受，沒有半句怨言。

但半年之後，情況略有些變化。因為子章的事業又上了一個臺階，意味著他會比從前忙很多。所以子章跟白妍說，自己要每天加

班，一個禮拜要出差三四天，可能會經常見不到面。白妍毫無異議地接受了，甚至還表現得甘之如飴，要子章好好工作，努力發展事業。

子章以為白妍是真的可以接受，於是全力投入了工作，逐漸地忽略了白妍。

但是，白妍發覺自己之前的待遇都沒了，接送、陪伴、送飯、二十四小時保鏢等，全消失不見了。

她當然知道這個男人是因為工作而忽略了她，所以白妍是真心覺得自己不能太任性，也在非常努力地壓抑內心的不滿。

這種自我壓制持續了兩個多月，白妍在連續一週沒有看到子章的時候，終於忍不住想念，打了電話給他。

白妍的電話撥了二十幾秒才接通，她問了一句「在幹嘛」，子章有點不耐煩地說「在開會」。究竟是不是不耐煩，現在已經不可考證，反正在白妍的感受裡，對方就是不耐煩的。

要特別注意的是，真實情景和感受情景有時候是不同的。所謂的真實情景就是真實發生的事情，客觀的，不帶任何感情色彩描繪的。即使是由旁觀者來表述，依然是這個樣子和狀態的。

而感受情景是當事人當時的感受。感受情景往往會失真，因為其中摻雜著當事人誇張的情緒和想像。

我們現在無法復原當時的場景，但可以透過假設類比一下當時的情況：白妍是帶著思念、失落、不滿、委屈等複雜情緒打電話給

自己男朋友的，她期待的是對方的安慰，甚至幻想對方可以放下一切，立刻來到她身邊。

但當時她的男朋友可能正在開會，或者在和重要人物交流，所以沒辦法立刻安慰白妍。於是他只是隨意說了幾句，想先掛斷，忙完了之後，再和白妍聯絡。

但問題是，白妍屬於自虐型情感模式的人，而具有這種情感模式的人在思考問題時最容易往壞的極端去想像。她的預期在完全落空之後，失落、不滿和委屈等負面情緒瘋狂暴漲，內心的情緒像是沸騰的水一樣淹沒了思緒。

白妍掛斷了電話後，當天就找了朋友幫她搬家，並且完全封鎖了子章。她當時覺得，這個男人要麼是出軌了，要麼就是不愛她了。

不管是哪一種情況，她都必須離開這個人，一秒鐘都不能耽擱。

自虐型情感模式的人有一種自尊心極強的表達方式，就是在發現有可能被人跟自己分手之前，一定要先離開對方，讓對方不可能有先跟自己分手的機會。

所謂的感情和愛，擋不住一個自虐型情感模式的人，永遠把自己的自尊心和情緒排在第一位。而且當他們在被情緒劫持的時候，會陷入一種狀態，明明是自己的情緒做決定，但他們所表現出來的卻是一種極度的理性和冷漠的樣子。

其實在白妍掛斷電話後不久，子章就發現自己被白妍封鎖了。但他也沒有太過於在意，因為這種被封鎖的狀態，在和白妍曾經的相處的過程中也經常發生。

白妍只要一生氣，子章沒有立刻哄她，他很有可能就會被封鎖。**愛封鎖人也是自虐型情感模式在網路時代的一個顯著特點。**

所以子章覺得這就是日常封鎖，沒有太放在心上，打算找時間回家去哄她。

兩天後，子章匆匆趕回家時，才發現已經人去樓空，白妍早就搬走了。這個突然的結果讓子章差點崩潰，他立刻發瘋似的去找白妍，到處去求白妍的朋友。可惜他沒有找到。

自虐型情感模式的特點是，**只要還在生氣的時候，就絕對不會給對方任何彌補和哄自己的機會。**所以白妍乾脆跑去外地朋友家住了一段時間，就是躲著子章，無論誰來勸，都不願意見對方，非常堅定和絕情。

白妍的絕情以及子章的痛苦，看在外人眼裡，都覺得無法理解。很多人都勸子章乾脆放棄算了，甚至還介紹別的女生給子章。

白妍這次生氣持續了一個多月。一個多月後，她終於消氣了，在朋友家也住膩了，她開始考慮下一步。

這時候，白妍發覺自己沒有子章的取悅和關心，已經不太習慣了。她對子章的感情一直都還在。她開始考慮是不是要給對方一

個機會，這樣兩個人還可以往下走一走。

但白妍當然不會直接去找子章，她覺得自己太主動，有傷自尊。就算喜歡一個人，自虐型情感模式也不會主動表達，她們習慣性的做法是給對方一個暗示，看對方會不會主動取悅自己。

整體來說，自虐型情感模式不會表達自己的喜歡，只會表達自己的不快。

白妍做的暗示動作也很標準，她找了兩人都熟識的朋友聊天。電話裡，她與那位朋友先是寒暄了一陣，然後裝作無意地詢問子章的近況。

在這一連串動作裡，白妍是有預期的。她的預期就是，自己在言談中提到了子章，於是這個朋友就會把這次無意的提及告訴子章，然後子章就會主動來找她求復合。這樣她在略表糾結之後，可以考慮給對方一個機會。

這一連串的動作和預期，其實非常複雜。如果換作別人，可能根本不相信這種預期有可能實現，因為需要太多的巧合和可能性。

但對自虐型來說，他們堅定地認為這種預期是可以很容易就實現的。因為能和自虐型相處的人，基本上已經被訓練出會看眼色這個技能，能敏銳地發現對方給予的機會，並按照對方的期待主動求復合。

白妍和子章這位共同的朋友的確不負期待，和白妍聊了一會兒，放下電話就立刻給子章通風報信，告訴他白妍可能消氣了，叫他趕緊去找她。

　　子章一分鐘都沒耽擱，馬上聯絡白妍，可結果他還是沒聯絡上。看通訊軟體，好像曾被短暫地從黑名單裡拉出來一下，然後又被封鎖了。他急忙再去找白妍的閨密，得到的回應是白妍要他永遠不要騷擾她。

　　得到這樣的回應，子章很錯愕。為什麼會這樣呢？

　　其實原因很簡單，白妍在和子章的朋友通電話，詢問子章的近況時，那朋友一不小心說漏嘴，透露了有很多朋友在介紹對象給子章的事情。

　　白妍當時並沒有追問，似乎根本沒有聽到或者根本不在意，但實際上，她把每個字都印在了心裡。

　　她迅速決定，把子章永久封鎖，徹底地斬斷他們繼續下去的可能性。

　　白妍這一整個心路歷程如果被子章知道的話，他可能會大呼冤屈。因為他被分手之後，雖然很多人為他不值，想要替他介紹對象，但他一個都沒有見過，都拒絕了。

　　別人要介紹給他，他阻止不了，但他都拒絕了，還有什麼問題呢？

　　至於那個朋友，他其實也很委屈，因為他只是說有人介紹對象

給子章，並沒說子章接受了。

但這些事實根本無法產生作用，因為白妍根本沒有給任何人解釋的機會。她做的動作是：徹底拒絕。因為她在心裡已經對片面的事實有了判斷，完全不聽別人解釋。

於是這段感情就這樣徹底結束了。

用自己的感受來審判

自虐型的本質❶：因脆弱而堅強

自虐型情感模式的本質是什麼？是因脆弱而堅強。

大家都覺得自虐型的人把自己包裹得很緊，警惕性又非常強，有些人像刺蝟一樣，渾身是刺。這是因為他們的內心很脆弱，極度害怕受傷、害怕失去，所以才把自己包裹得那麼緊，呈現出一種高度警惕的防禦狀態。

絕大多數自虐型情感模式的人，從表面看起來，或者在朋友評價中，似乎和脆弱並沒有什麼關係。

分析他們的原生家庭，也會覺得沒什麼問題，甚至大部分人都活在滿滿的愛裡。

　　那這個脆弱是哪裡來的呢？

　　我們在白妍的故事裡已經分析過，這種脆弱就是來自「溫室般的家庭環境」。

　　溫室般的家庭環境，是家長害怕孩子受傷或者受挫，而選擇了過度滿足和過度保護。在孩子的成長過程裡，家長幫孩子鋪好了所有的路，盡量不讓孩子受挫，以致孩子在獨立生活之前，幾乎沒有遭遇過大的創傷。

　　在這種家庭環境裡成長起來的孩子，會對創傷產生一種過度恐懼。

　　所以他們看起來很脆弱。脆弱來自對創傷的過度恐懼！

　　因為害怕自己受傷，所以自虐型情感模式的人在遇到問題的時候一般都會有兩個選擇。

　　第一種選擇是原生的，就是替自己裝上各種「刺」，對外界主動防禦。別人會覺得這個人不好接近，不容易侵犯，隨時隨地都有可能會被它刺傷。

　　這就是白妍一開始的狀態，像是刺蝟一樣，不給人留情面，警惕地面對所有人。

　　這個時期的自虐型情感模式，往往處於享受被人取悅的底部，並沒有經歷什麼刻骨銘心的愛戀。

如果有自虐型情感模式的人經歷了銘心刻骨的愛戀，這種愛戀對他們來說，一定是以慘敗告終的，並會促使他們的情感模式最終進入另一種形態。

　　另一種形態的自虐型情感模式是堡壘狀態的。因為受過傷害，又害怕再次受傷，並且對外界已經嚴重失望，所以用層層的防禦將自己包裹起來。

　　這就像是經歷了與帥氣男友失敗的戀愛之後，白妍開始層層防禦，把自己變成了一個大型堡壘。只有非常主動進取的人，才可以攻占她的陣地。

　　當然，這個形態會導致她們吸引更渣的渣男，我們在之前姚姚和音樂人的案例裡已經講過了。

自虐型的本質❷：強烈的自尊心

　　不管是哪個形態，自虐型情感模式最重要的狀態，也是最明顯的標誌，就是「高自尊」。

　　他們總是會表現出來強烈的自尊心。簡單來說，就是什麼都可以不要，但面子不能丟。

　　把自尊心當成自己的底線，並不是所有人的特徵。

　　譬如取悅型情感模式的人，他們在取悅別人的時候，即使被取

笑、奚落都可以接受；譬如享受型情感模式的人，他們只要能獲得自己想要的東西，就算這東西是被人贈予的，他們也會安然接納，不會感覺自尊心被冒犯；再譬如掌控型情感模式的人，他們雖然也有強烈的自尊心，但被觸犯到自尊心後，會將此化為動力，努力去扭轉敗局，讓自己又高高在上。

而自虐型情感模式則不同，他們把自尊心當成底線，當成內心最呵護的東西，就像是一個需要小心翼翼呵護的瓷娃娃。所以他們拒絕別人的贈予，拒絕莫名其妙的示好，用拒絕來維護自己的自尊心。

在自尊心有可能受損的情況下，自虐型情感模式最有可能做的事情就是：逃跑！

當自尊心受到傷害後，逃跑是自虐型情感模式自我防禦的最終形態。

就如同白妍聽說有人給子章介紹女朋友的時候，她的封鎖、不見面、不交流，就是一種典型的逃跑。

她沒有給對方解釋的機會，也沒有再讓自己跨出一步。

因為她感受到了小小的風險，而這個風險會傷害到她的自尊心。所以她寧願錯殺一千，也不願意冒險一次。

大部分的愛情、物質、取悅，都抵不過自虐型情感模式的自尊心防禦。這也是我們為什麼總看到具有自虐型情感模式的人在面

臨選擇時，總是會選擇拒絕的原因。

這種強烈的自尊心，是形成自虐型情感模式的心理基礎。

自虐型的本質❸：自虐型扭捏（精神內耗）

- 想要，但拒絕；願意，但抗拒；想念，但冷漠；生氣，但微笑。
- 誰對自己好，就偏偏要暴力溝通。遇到競爭，就一定放棄。
- 想要什麼都會被滿足，可就是開心不起來。

以上這些都是自虐型情感模式的人會做的事情。

自虐的顯著標誌就是「扭捏」，就是想要什麼不但不說，還會做相反的動作。

這其實是一種很古怪的行為模式。生物的欲望是一種本能，想要什麼就會追尋，獲得滿足就會喜悅，那麼為什麼自虐型情感模式會反其道而行之呢？是什麼阻止了他們本能的激發？

同樣是因為高自尊這個強烈的心理基礎。

他們想要什麼，但又不想被別人直接看出他們真的想要，甚至害怕被人拒絕。所以他們寧可先拒絕別人，不要了就不會被拒絕了。

他們明明願意，但又怕自己表現得太主動，所以反倒是擺出往後退的姿態。可在別人看起來，這就是抗拒。

他們會想念一個人，但絕對不會直接表現出來，甚至在被想念的人出現的時候，都會故作冷漠，以免被人看出自己的想念。

自虐型情感模式的人對於自尊心的保護是非常極端的，甚至會因此而改變正常的情感連結和交流方式。

正常人的情感連結方式，在他們身上變成一種需要抗拒的狀態，因為那可能暴露出自己的真實情感。而真實情感暴露之後，會讓他們覺得自尊心受損。

所以扭捏和自虐的原因，是一種對情感表達的掩埋。他們不是古怪，而是不想被人看到自己的情感。

這是一種典型的精神內耗。具有自虐型情感模式的人，往往在這種精神內耗裡，耗盡了自己的力量。

還有一種扭捏，帶有強烈的自殘性。這也是自虐型情感模式會有的性格模型。他們在面對很好的情感連結的時候，會不由自主地讓自己成為悲劇主角，這種行為當然是從潛意識裡出發的。具體動作是搞破壞，就是知道你喜歡什麼，但我就是不做什麼。知道你喜歡聽什麼，但我就是反著說。知道這樣就會和好，但是一定不會做。

他們的一切動作都是奔著最壞的結局去的，在感情關係裡，他做的是那個想要搞砸一切的人，然後看對方會不會來拯救感情。

在很多時候，如果對方拯救了感情，自虐型情感模式的人就會暫時當對方過了這一關，等待下一次的自殘。

如果別人沒有拯救感情，自虐型情感模式的人就會覺得自己早就了然一切，果然你不是那個愛我的人，幸好被我發現了。

自殘，然後原諒自己的自殘，是他們經常會出現的痛苦狀態。

自虐型的本質❹：極端性格

極端性格是自虐型情感模式的一種情感表達方式，**不接受、不承認，也不願意表達中間選擇。好與不好，愛或不愛，都要清楚明白。**

我們都知道，人是複雜的，情感也是複雜的。譬如說，一個人在剛開始戀愛時，一定會高度取悅別人，而在感情穩定期，往往沒辦法一直那麼關注對方，可能會偶爾忽略，這都是正常狀態。

但對於自虐型情感模式，是完全無法接受的。他們只接受最極端的狀態。

你第一天對我有多好，以後每天都必須那麼好，有一點不好就

代表不愛。你喜歡上了我，那麼就一點點看別人的機會都沒有，只要精神上有一點點瑕疵，就必須分手。

他們認為，在這個世界上，要麼是好人，要麼是壞人，一個人只要有一件事情沒有做好，就是壞人。

自虐型情感模式的人，是不容忍瑕疵的。任何瑕疵，都代表著腐壞。

以上這些心理邏輯，並不一定精確，但在許多具有自虐型情感模式的人身上，都會有不同程度的體現。

所以，理解他們的極端性，對於理解他們的性格非常重要。

♥ 極端悲觀

悲觀是人類常有的心理狀態，但自虐型卻經常會表現出極端的悲觀。這種極端的悲觀表現為，一件事情還沒有發生，就已經判定一定會失敗。和一個人還沒有建立感情，就已經判定一定會分手。對一個人還沒有足夠的瞭解，就已經判定他一定會出軌。

這個世界上，沒有永遠的完整，沒有永遠的忠誠，沒有永遠的一致，那就都是不對的。

自虐型總是把什麼事情都往壞處想，不願意接受好的希望和好的結果。

這一點也很容易理解，因為他們害怕被傷害，不喜歡失望。所

以說，**如果從一開始就是極端悲觀的，不會有希望，自然也不會有失望**。如此一來，他們就成功地實現了自我防禦。

所以很多自虐型情感模式的人很不容易相處，因為他們的悲觀性會傳遞出太多的負能量。這就需要和他們相處的人擁有巨大的愛的能量，不然其他人就會被負能量吞沒，最後只能被推開。

♥ 極端被動

具有自虐型情感模式的人，大部分的時候不會主動提出要求。比如有什麼需要，也不會主動跟對方提出要求。她們能夠自己解決問題的時候就自己解決了，能夠找閨密解決的事情，就不找男人。這是大部分自虐型的心態。

在愛情裡面，她們更希望自己的需求被人主動發現。就是最好別人主動來幫她，甚至還求著來幫她。其他情感模式的人可能會主動提出，你幫我把這個東西搬到這裡，你幫我買個什麼東西。但自虐型不會這樣，她會觀察對方有沒有發現自己今天搬不動這個東西，如果對方沒有發現，她就會自己拿著，直到對方發現的那一刻為止。

如果她明明遇到了困難，有被幫助的需求，如果對方想不到，反而要她提出來，這樣她就會覺得沒有價值了。

若希望別人主動送一份禮物，每個月訂一束花，都需要她提出來，這還有什麼價值呢？當然是要對方主動去做，才是有價值的。

這就是自虐型情感模式的一個特點。

如果伴侶能夠滿足自己的各種需求,自虐型情感模式的人會在內心歡喜,卻把自己的情緒掩藏起來。伴侶如果沒有主動滿足自己的需求,自虐型情感模式的人會生悶氣,但也不會充分地表現出來。

高興的時候他們也只是掩藏在心裡,可能偶爾會表現一下,但是不會像享受型或者其他幾種情感模式的人,把心情表現得那麼淋漓盡致。在親密關係中,他們越是愛對方,越是會掩藏自己的情緒。

自己不主動表達,但是對方會懂,能猜透自己的喜惡。自虐型認為這樣的人才有和自己在一起的資格,但不會覺得非他莫屬。

因為這種極端被動的性格存在,所以具有自虐型情感模式的人,除非很讓人喜歡,會吸引很多主動的追求者,否則他們單身機率很高,單身時間也會更久,最後只能靠運氣脫單。

♥ **極端警惕**

當另一半流露出一絲一毫的冷淡,自虐型的人都會產生強烈的警惕心,感覺對方對自己已經不好了,他們就要提前離開。

不管什麼時候,自虐型情感模式的人都懷疑人性。他們認為每

一個人都會變，所以隨時隨地都做好了準備，去面對這種尚未發生的變化。

愛人給他什麼好處，或者突然之間示好，他們都會想一想其中的原因。明明前幾日還平平淡淡，怎麼忽然間開始對他好了？好端端地怎麼會送他禮物？他們會為此想很多。

自虐型會對各種幫助和贈予有警戒心，一旦對方對自己特別好，會不自覺地產生這樣的心理，覺得虧欠了對方。這就和享受型情感模式的人不同，享受型是別人獻殷勤的時候，他會很高興，你們都對我好就行了。

自虐型情感模式的警惕感，來自原生家庭的教育，因為從小就被告知外界很危險，壞人很多，所以對於別人的取悅、示好，都覺得要小心，別人一定是有所圖的。

在任何情感連結裡，其實所有人都會有所圖，如果不圖你這個人，那為什麼要主動呢？但自虐型情感模式的人並不會接受這個理由，所以他們往往會被隱藏性極強的渣男搞定。

為什麼極端警戒的自虐型情感模式，反而會容易被渣男欺騙呢？

因為正常人一般不會掩飾自己的欲望，他們喜歡一個人就會直接表達。而越是渣的人，越是會隱藏自己，越是顯得雲淡風輕，並在雲淡風輕的掩飾下積極主動。而自虐型情感模式的人，就是非常

吃這一套。

♥ 受情緒控制

一個人被情緒控制，其實和情感模式沒關係，很多人都容易受情緒的影響，這是情緒管理能力的問題。

但自虐型在被情緒控制時，有兩個典型狀態會比較顯著（比較顯著的意思是，這兩個典型狀態在別的情感模式裡也會出現，但自虐型會更加顯著一些）。

♥ 情緒冷靜

「情緒吞沒」和「情緒冷靜」，是我們長期研究之後創造的詞彙。簡單地說，情緒吞沒的意思是，當你遇到外界刺激，情緒迅速升高，你的大腦被情緒充滿，無法理智的思考，最後在情緒之中做出各種決定。也被稱為情緒劫持。

你的所有理性思維系統都被鎖定，情緒控制了你的大腦，讓你執迷於一個事情，一個角度，無法自拔。

而在情緒吞沒的過程中，自虐型情感模式往往可以以一個非常冷靜、理性、客觀的心態做出各種決定。這個狀態是非常迷惑人的。

所以很多人會覺得，自虐型情感模式的人理智清醒，做的決定都是理性的決定，一旦分手也是想好了的。

這都錯了。

情緒冷靜的意思是，人們在經歷重大創傷事件後，會表現出極度理性的狀態，做事很有條理，說話具有一定邏輯性。但這是一種偽裝的理性狀態，事實上，人們還是處於情緒劫持之中，是情緒推動她們偽裝冷靜來處理問題。

譬如有些女性在和丈夫吵架後，會一夜之間擬定離婚協議，要求立刻離婚，過程顯得非常理性。但實際還是在情緒當中，情緒過後依然會後悔。

因為他們只是表演冷靜而已，這種冷靜理智的態度，是他們的自我防禦系統開啟後的結果。

而他們在情緒冷靜期中做出的所有動作，還是一種情緒吞沒帶來的後果，依然是衝動的、感性的、不理智的，甚至是自我傷害的。

所以，面對自虐型情感模式的人，千萬不要被其表面的情緒冷靜狀態欺騙了，他們只是用「法力」強迫洶湧的情緒不外顯而已。

♥ **感受情景**

另一個典型特點就是感受情景。這在前面已經講過了。**自虐型情感模式的人很容易將自己的感受當成現實，並把感受轉化成實際結果。**

譬如說，他希望對方做點什麼，但對方說了一句表示為難的話。其他情感模式的人，可能還會等待對方最終的結論，或者會努力再說服一下對方。

畢竟人和人的交流過程中，很多人都希望先表達一下為難，然後再答應接受，以顯示自己付出了很大代價，讓人情顯得更深厚一點。這是人際交往中的一種原生態技巧（並不需要學習，很多人天生就會）。

但自虐型情感模式的人，當發現對方表現出為難時，會直接認定這就是拒絕，並且演化成對方已經拒絕的既定現實。

對方一為難，那就是拒絕了。

對方一不接電話，那就是出軌了。

對方一有點變化，那就是有別的感情了。

這種邏輯推演，其實是沒有任何道理的，只是某個一閃而逝的細節，就直接導致了一個確定性的結果。

自虐型情感模式的人會把這認為是自己的第六感，並且拿其中幾個驗證正確的案例來增強其準確性，但會自動忽略絕大多數驗證不正確的情況。

如果將這種邏輯拆開進行理性分析的話，其實從細節來進行結果確認，它並不是第六感。那它究竟是什麼？

是自虐型情感模式的人看到了別人的一個交流回饋，這個交流

回饋讓他有了一種情緒感受，然後他就會直接用這種情緒感受來進行悲觀推定，最後確定為一個最壞的結果。

這就是典型的感受情景。

用自己一瞬間的感受，給別人「判刑」。

5

掌控型情感模式

什麼是人生？人生不是一個按理想的藍圖刻出來的
範本，不是只有一個最巔峰的選擇，不是只有功利
主義的好和更好。真正的人生是在自我愉悅中進行
獨立地選擇，所走出來的道路。

一個名叫掌控的魔鬼

簡里是一個小巧玲瓏的女孩，身高不到一百六。很多人看到簡里的第一印象和我一樣，就是覺得她軟萌可愛，人畜無害。

但沒有人想到，她竟然是一個對感情和生活掌控到極致的人，甚至這種掌控給自己和身邊的人都帶來了痛苦。

來向我們求助的簡里，原本是一個公司的高階主管，事業很成功。當時她正打算和幾個朋友一起創業，做自己的品牌。

當你聽到她對於事業的規劃和理解的時候，會驚嘆這麼小的身體裡，竟蘊藏著巨大的能量，好像她對於未來的每一年都很有計劃，而對自己走的每段路，都有著清晰的打算。

這樣的人，在感情上又會有什麼問題呢？簡里訴說的故事，讓人瞠目結舌。

她和人談戀愛的方式，被稱為「索命式戀愛」。不僅要求對方隨時隨地開著定位，而且要對方毫無隱私，朋友圈裡也不允許有異性。

　　如果對方有一點點的「忤逆」，她則會拳腳相加。在生氣的時候，會把對方重要的資料都刪除清空，重要物件都燒毀掉。導致她交往過的男朋友都多多少少患上了憂鬱症，最後以非常痛苦的分手為結局。

　　簡里講述了幾個男友的情況時，她表現得很痛苦。雖然在所有的戀愛過程裡，都是她在折磨別人。簡里也清楚地知道，自己的行為是不對的，而由此帶來的結果，同樣也是她不想要的。

　　簡里希望找到改變的方法，希望自己不再是那個像惡魔一樣的人。

　　為什麼看起來軟萌可愛的簡里，會在感情裡會變成這樣一個「惡魔」呢？

　　是什麼讓她完全無法控制自己的日常行為？讓我們先來看看簡里的人生歷程。

　　簡里的母親是在做小生意，父親是做工程的。童年時候，她的生活其實過得還算可以，至少物質條件上，並不會比別人差。

　　但實際上，簡里的日子很痛苦，因為父母總是在吵架。嚴格來說，是她母親一直在對父親咆哮。

簡里的母親身材嬌小但脾氣急躁。簡里的父親則很老實，看起來就是個實實在在工作的人。

簡里母親脾氣很差，動不動就會發火，一發火就指著丈夫的鼻子斥責一通。如果我們把這個叫作暴力溝通的話，那他們每天都在暴力溝通，甚至沒有別的溝通方式了。

而且這種暴力溝通還不只是動嘴，簡里母親還喜歡動手。吵架吵太兇的時候，手邊有什麼東西，就丟什麼東西，甚至好幾次，簡里都見過母親直接甩父親耳光。

為什麼母親這麼暴躁呢？因為簡里的父親經常不在家。簡里的父親以前是泥作師傅，後來學人做工程統包，倒也在朋友的幫助下，自己建立了團隊。

但做工程的人，長期在外，有時候一個月要在外面待十幾二十天，而且在做工程的老闆圈子裡，風氣往往不太好，有吃喝嫖賭的，有包小三、養二奶的。簡里的母親聽說過這樣的情況，很是擔憂。

所以簡里的母親覺得自己老公遲早也會這樣，就變得分外暴躁，把老公管得很緊，恨不得在他身上裝個監視器。

簡里讀國中時，有一次父親出差了一個禮拜。週末的時候，簡里的母親打老公電話沒打通，那天晚上就耐不住了。簡里的母親先是抱著簡里大哭，說爸爸不要簡里了。然後迅速召集起所有的親戚朋友，連夜包了輛小巴，趕到老公在外地的工地去「捉姦」。

最後當然是沒捉到，老公和人打了個通宵麻將而已，但鬧得很難堪，簡里的母親把整張桌子都掀到老公的臉上，讓他在眾人面前大失面子。

這齣鬧劇之後，親戚朋友也勸簡里的母親，說她老公一看就是老實人，怎麼可能會出軌呢，還不如好好過日子。

但簡里的母親不聽，她每天都在打探別人出軌的消息，然後臆測自己老公也肯定不安分。不管老公有沒有拿錢回來，是不是每天早晚都通電話報平安，她總是焦躁不安地盯著老公，怎樣都不信，怎樣都要吵架。

最終，他們離婚了。

那是簡里剛剛上高中的時候，有一天父親回家說自己愛上了別人，要和簡里的母親離婚。父親說得很平靜，像是在說一件無關緊要的事情。

簡里的母親當然暴怒，拿起手上所有的東西砸過去，不斷地甩老公耳光。

簡里的父親一聲不吭，任憑簡里的母親怎麼打都不還手，但也不鬆口。他最後離開家的時候，只帶走了幾件衣服。

簡里那時候已經很懂事了，她默默地旁觀了一切。

接下來的日子，簡里的父親迅速去法院起訴離婚，而簡里的母親則進入了挽救婚姻的執迷狀態。她先是撒潑耍賴，然後尋死覓

活，到處找親戚朋友圍攻老公，死活咬定非要讓這男人淨身出戶，到最後居然想出了讓簡里跪死在父親面前這種點子。

簡里的父親就像是已經計畫了無數年一樣，不快不慢、按部就班地把流程都走了一遍，沒有絲毫猶豫，也沒有絲毫留戀，不管老婆要什麼都給，不管老婆罵什麼都接著。

半年多之後，簡里的父親淨身出戶，再也不回老家。他沒有包養什麼情人，和一個工地裡負責做飯的女人結了婚。很多年後，簡里問父親，父親只說了一個理由：安靜。

但簡里母親的內心永遠都沒有平靜，她折磨不了老公了，就開始折磨簡里。告訴簡里她有多苦，勸她不要考大學來跟自己做生意，不斷提醒她別談戀愛，男人太不是東西了。

所以簡里整個高中都在崩潰和折磨中度過，她在高三那年拚命讀書，唯一的想法就是逃離母親，逃離老家，逃離那個逼走了父親的家。

她最後成績一般，考了個普通大學，但確實順利地離開了家，來到了大城市讀書。

簡里的整個原生家庭，簡直就是一個婚姻生活的反面教材。

如果按照人們的理解，一個出身於此的人，必然會知道暴力溝通和不信任帶來的惡果，所以肯定會經營好自己的感情生活，盡量不要出問題。

但我們在長期的案例追蹤裡發現，事實恰好相反。

　　越是這類家庭出來的人，越是不知道該怎麼和人溝通，越是容易在婚姻戀愛裡變成那個情緒輸出暴力溝通的人。

　　好像原生家庭的一切，都會在他們身上重演一次。

　　在大學裡，簡里並沒有很快談戀愛，她一進學校就拚命讀書，拚命學東西。她好像對什麼都沒有信心，只希望自己變得更好，可以改變自己的命運。

　　簡里經常對室友說，這個世界上什麼都不可靠，只有自己強大了最可靠。什麼都靠不住，只有自己賺錢才是最靠得住的。所以當室友們紛紛開始談戀愛時，簡里則一邊讀書，一邊打工，有時候甚至還要打兩份工。

　　大學的前兩年，別人可能分手都好幾次了，而簡里則是考了兩張證照，還存了好幾萬塊錢。

　　本來以為整個大學也就這麼度過，簡里的心思幾乎都放在以後怎麼發展上了。沒想到大三的時候，她在社團活動的時候，遇到了一個大二的學弟。

　　學弟長得高高帥帥的，是他們那一屆的風雲人物，平時也有不少女生圍著他轉。但學弟自從見了簡里後，就有點移不開視線。

　　倒不是簡里有多好看、多迷人，而是她那種心無旁騖地讀書打工，對帥哥根本不在乎的樣子，讓學弟覺得與眾不同。

於是學弟開始追求簡里。

簡里只是心無旁騖，並不是討厭談戀愛，有個帥學弟追求她，她也沒有什麼抵抗力。不到一個月，就和學弟談起了戀愛。

談戀愛的過程裡，簡里依舊保持著自己兼職打工和讀書學習的節奏。日漸忙碌的日子讓學弟不太滿意，覺得簡里留給戀愛的時間太少了。

為了安撫學弟，簡里用自己打工賺來的錢買了不少的禮物給他。學弟對於禮物倒是從不拒絕，一個學期下來，也花了簡里不少錢。

放暑假的時候，簡里懶得回家，打算留下來打工，而學弟則心血來潮要和人一起創業，開攝影工作室。

簡里本來就有點嫌棄學弟平時不思進取，現在突然有了要賺錢的想法，當然是要支持他的。於是簡里用自己的積蓄替學弟買了攝影設備，這一次，基本上把簡里的錢花光了。

學弟的攝影工作室並沒有發展得如火如荼，他說做攝影師的，懶一點也沒關係。一開始，工作室還有個合夥人，但一個暑假還沒完，合夥人就撤了。

簡里沒辦法，只好自己去幫男朋友打理工作室，這才將工作室勉勉強強地撐了下來。

新學期，簡里獲得了一個出國去當一年交換生的機會。這個機會對她當時的學校來說是很難得的，而且名額也只有一個。簡里年

年都能拿最高的獎學金，一直深受學校好評，這個機會才落到她的頭上。

有很多同學嫉妒她，覺得所有好事都被簡里占走了，最帥的學弟是她男朋友，當交換生的機會還是她的，她簡直就是人生贏家。

但簡里卻陷入了煩惱之中，因為她生活裡最重要的兩個人，都不同意她去當交換生。一個是她男朋友，男朋友的理由很直接，他們兩個感情正處於穩定期，如果簡里出國一年，感情就沒辦法繼續下去了，遠距離戀愛可不是那麼好談的。再說了，他們的攝影工作室才剛剛起步，如果簡里出了國，那等於就要關門大吉了。

簡里的男朋友是這樣，母親也是這樣。聽說簡里要出國，做母親的非但沒有高興，反而每天緊張兮兮地給簡里打電話，力勸她別出國。

雖然母親沒有明說是為什麼，但簡里心知肚明，母親就是怕她出國後一去不復返，只留自己在國內，孤獨到老。

簡里當然想出國，可男朋友和母親都反對，相當於她身邊的人都反對，這讓她感受到很大的阻力。簡里思量再三，最終還是放棄了這個機會，把交換生的名額讓給了別人。

簡里覺得，自己為家人和戀人犧牲了這次機會，他們應該心懷感恩。可沒想到那兩個人都沒有把這當回事。母親覺得不去就對了，出國沒什麼用，還要花錢，根本就是耽誤時間。而男朋友則更

誇張，他除了偶爾拍拍照，把雜務、修片、接待等全部工作都交給了簡里，自己整天在外面瞎玩。

簡里想鼓勵他好好努力，可這男人卻說工作室反正也賺不了多少錢，還不如認識多一點人，拓展人脈。

簡里只好自己苦苦支撐，她以為時間長了，男朋友就會慢慢懂事，到那時，他們自然還有希望和機會。

沒想到希望沒等來，卻等來了這男人的出軌。一次偶然的機會，簡里正巧看到男朋友走進學校旁邊的一家旅館，她頓時警覺地想到了從前母親去捉姦的那一幕。

於是，她沒有聲張，就悄悄地在旅館門口等了幾個小時。最後等來的，是男朋友和一個曾經拍過的模特兒從旅館裡走出來。簡里憤怒地衝了出去，場面極為尷尬。那模特兒迅速溜了，而男朋友根本不承認自己是出軌，還說是幫人家拍照。問題是，他連相機都沒帶。

簡里衝回工作室，覺得一切都太可笑了，她放棄了出國的機會，她為他投入了辛苦兼職幾年的存款，她以為自己愛的人是可以信任的，但現實卻給了她一巴掌。簡里砸光了整個工作室的東西，那是她辛辛苦苦一點點拼湊起來的，她花了無數心思並且寄予厚望的未來。

把東西砸完後，簡里斷然和男朋友分了手。雖然那個男人頗有一些悔意，千方百計地想要復合，還買通了簡里的室友幫忙。可一

直到最後，那些鮮花、燭光和煙火，都沒有讓簡里有半絲猶豫。

　　在大學剩下的時間裡，簡里以十二分的精力投入到了兼職賺錢和讀書之中，好像她要把自己所有的損失，都從中彌補回來。但和從前的不同之處在於，她又給自己增加了一個努力的方向，那就是要用一年的時間準備，考到國外去。

　　注意，這段感情，對於簡里的情感模式塑造是很重要的，產生了承前啟後的作用。

　　簡里在原生家庭裡看到了父母之間的情感糾葛，也看到了母親的處理方式，但這一切都只是看到而已。在她自己還沒有展開情感的時候，她實際並不會想到，這些事情都會原封不動地發生在她的身上。

　　我們說情感模式具有學習性，那麼學習這個動作只是看和學嗎？一個明顯帶來壞結果、壞印象的行為習慣，誰會主動去學習呢？

　　所以我們長期觀察案例，發現這些負面行為的學習，都是在耳濡目染之中被埋藏進了記憶裡，如果沒有特別的經歷，一般不會被啟用。

　　許多啟用負面行為的轉振點，都是經歷了一些「創傷」。

　　創傷，讓你把記憶裡的源自父母的負面行為，變成了自己的行為習慣。

所以從這種意義上來說，學習性的負面行為，是一種個人自我防禦系統，是在創傷裡為了自我保護而逐漸成形的。

簡里化悲憤為動力，每天只睡幾個小時苦學英語，終於在大學畢業後沒多久，就拿到了一個英國學校的獎學金。這一次，她連母親的阻攔都沒聽，自顧自地出國了。

簡里的想法很簡單，過去的經歷已經證實了，這個世界上什麼都不可靠，只有自己強大才是最可靠的。

在英國的兩年，簡里並沒有正式談戀愛，但依然是有感情關係的，而且還有兩段。

簡里剛到英國和一個男生合租了房子。這也是國內去的新學生，年紀比簡里小一點，看起來不是很成熟，膽子也小。

簡里覺得這個人蠻老實的，於是就開啟了合租生活。

在國外，異性合租的情況並不少見，簡里剛開始沒打算和老實的小男人發生什麼，何況簡里很快就在學校裡又遇到了自己心儀的男生。

簡里喜歡的這個男生叫李，是亞裔，比她大五歲，是個非常有天賦的資優生，當時正在英國讀他的第二個博士。

因為簡里攻讀的領域和李有所重疊，所以簡里經常會去請教李。一來二去，李紮實的學科基礎和廣博的知識，以及展現出的聰明才智，都讓簡里為之傾倒。

在李的身上，簡里確定了自己喜歡的類型，就是那種成熟、聰明，看起來無所不能，可以讓她崇拜的男人。

　　簡里因為崇拜李，竟然在一瞬間扭轉了想法，天天想著怎麼討好對方。

　　在一次酒後，兩人順理成章地發生了關係。正當簡里認為，自此就可以確定戀愛關係的時候，李卻直接表明了這就是一夜情。

　　簡里內心不情願，可還是不得不接受了，她擔心自己若是表現得太過度，可能和李連一點可能性都沒有了。

　　於是兩個人還是像沒事人一樣地相處，偶爾還會發生一下關係。幾個月過去，簡里終於忍不住，向李表明了心意。

　　李告訴簡里，自己和她對於愛情和婚姻的看法完全不同，他並不打算在一段被占有欲所控制的愛情裡待很久。

　　李說了一段話，可以被認為是「海王」的理論基礎：

　　「你們嘴裡的愛情是什麼？不過是人類由私欲和占有欲編織起來的美好謊言而已，明明是為了讓自己獨占另一個人的情感和肉體，卻為之塗抹脂粉，不惜編撰各種偉大的故事。但說到底，愛情不過是一種自私而已。」

　　「感動、喜悅、滿足、高潮，這些真正美好的東西，都不需要獨占就能完成。我們為什麼要那麼自私？為什麼要為這份自私穿上最美的外套？自私會讓美好變得更美好嗎？並不會，它只會摧毀所有的美好。」

「所以愛情一定會有可怕的結果，因為愛情本身就是一種可怕的結構。是從人性中的惡裡開出花來，你說那叫美豔，我覺得那只是毒藥。」

李的這些言論，邏輯嚴密，難以辯駁，一層層地洗腦簡里，讓簡里竟然接受了李的價值觀，並和李開始了一段她也說不清是不是感情的經歷。

這段經歷大概持續了一年的時間，簡里還是常常討好他，只為了讓李願意經常和她見面約會。其中過程自然是十分辛酸和苦痛的，但簡里無論如何也甩脫不開這個困境，她覺得自己是太愛了，只能這樣下去。

原本以為這段噩夢一樣的單戀會永無盡頭，但猛然之間，簡里竟清醒了過來。

那是一個在李家裡的聚會，很多朋友在一起玩，也喝了很多酒。李當眾和簡里親吻起來，然後把她往房間裡帶。

在那麼多人面前，簡里雖然有些害羞，可她又覺得，這可能是李在公開他們的關係，說不定這次之後，她就能迎來一場甜美的愛情。

簡里乖乖地進了房間，然後門外走進來的，居然不是李，而是李的朋友。

李的朋友說，是李把今晚的簡里讓給他了。

簡里目瞪口呆，整個人傻眼了，開始咆哮起來。這一鬧引得外面派對的人都進來圍觀。簡里的表現讓李很生氣，覺得簡里像是個庸俗而世故的女人。

簡里發瘋一樣地跑回了家，鎖上房門後，才開始號啕大哭。這一夜的悲傷，讓簡里終於徹底地明白，她和李是不可能的，而之前所有的經歷，只不過是她的一場幻想而已。

再回過頭想想，她所經過的每一天，都是無比屈辱，毫無尊嚴的。

我認為，情感模式的逐步建立，是對原生家庭埋下的種子的滋養過程。那顆種子在一段段的情感連結裡（或者模擬情感連結，也就是幻想裡）發芽、成長，最後變成了一種形態。這種形態有可能是原生家庭的一種變形，也有可能是一種繼承。

但創傷，一定是促使情感模式成形的養分，並且讓許多人的惡念也隨著種子一同滋長。

同樣的原生家庭，卻會帶來不同的情感模式，也會帶來不同的價值觀和生活方式，這是為什麼呢？

除了成長過程中的知識結構和人際關係，其實最重要的，就是「創傷程度」。

同樣的原生家庭，有些人在成長過程中遇到了許多許多的愛，被關愛、被呵護，於是變成了一種性格。

而另一些人，遭遇了許多創傷，並且沒有辦法自我療癒、自我解脫，於是只能用內心的「惡念」來進行防禦。於是惡念叢生，行為開始變形。若干年之後，變成了一個黑化的人，而自己卻全然不知。

簡里就是這樣。

她在這次創傷裡獲得了什麼呢？大致是兩種東西。

一種東西是正向的。簡里明白了自己喜歡的人是什麼樣的，但自己並不需要這樣的人，或者說，自己不應該去喜歡這樣的人。

這個結論，讓她在未來的很多年裡，都會遠離成熟、年紀大，讓她崇拜的男人。

這是掌控型情感模式的人在逐漸成熟的標誌，也是掌控型和別的情感模式不同的地方。掌控型在經過創傷後，是會讓自己刻意躲避的，而不會一次次地繼續陷進去。

另一種東西是負向的。那就是連續的創傷，讓簡里對於男性產生了極度負面的觀感。這種因創傷而來的觀念扭曲，讓簡里從實際上開始認同自己母親的行為。

也就是說，她小時候覺得，母親對父親的行為是不對的，是錯誤的。但在經歷了兩段情感創傷後，她已經不自覺地認為，母親的這種行為是有一定道理的。

從這時候起，簡里其實已經慢慢地成為自己的母親。

簡里其實是個強勢、獨立的女生，至少合租的那個小男孩覺得簡里就是個自強獨立的女孩，是很大女人的那種。

　　而那天晚上，他聽到了簡里的號啕大哭，擔心了一夜，但又不敢去打擾簡里。

　　第二天早上，簡里打開房門，看到了小男生做的一桌早餐，似乎是在安慰她。

　　簡里最痛苦的那段時間，是小男生一直陪著她，雖然並沒有說什麼，的確他也不懂該說什麼。他最擅長的好像就是做各種美食，然後陪著簡里喝酒。

　　整整一個月的時間，簡里才從地獄般的日子裡走出來，她也感覺到，小男生有些喜歡她。但小男生其實不是簡里喜歡的類型，除了外型還可以，他性格太軟弱，又不是很有男子氣概，年紀又小。簡里覺得自己玩玩還可以，真要戀愛是不可能的。

　　但說不感動也是不可能的，畢竟對方在自己最灰暗的時候，給予了很多關心。對女人來說，哭泣時的陪伴，是最容易滋長情愫的。

　　所以簡里總是糾結和他的關係要不要再進一步。

　　一次酒醉後，簡里和小男孩發生了關係。酒醒之後，確實有點尷尬，她也沒明說和小男孩是什麼關係，但兩個人就這麼同居了。

　　接下來一年的同居生活，對簡里來說是非常舒服的。因為小男

孩太會照顧人了，他不僅會做飯，還會做家事，無微不至地把簡里的方方面面都照顧得很好。

簡里從小就是個很獨立的人，還沒有被人這麼溫柔地照料過，她過的簡直就是衣來伸手、飯來張口的日子。

但在這樣的日子裡，簡里的內心依然是焦慮和躁動的。她雖然沒有那麼喜歡小男孩，但在被照顧的生活裡，已經將對方視為自己的所有物。

既然是自己的所有物，當然就是不能讓人碰的，再加上之前的兩段情感創傷，她更加不想在小男孩身上也摔跟頭。

所以她對小男生全面監控，這種監控不僅是在自己的生活裡，還完全地侵入了對方的社交圈。譬如她會問清楚小男生的同學裡有多少女生，平時學校裡有什麼人對他有好感，等等。

然後她開始禁止小男生的異性社交，並且會看小男生的手機，各種聊天軟體，還會指定要他刪除認識的人。

這樣的生活持續了很長一段時間，雖然簡里還是時常焦慮，可總算比從前幾段戀愛好了很多。

很快，留學生涯要結束，簡里打算回國，並且要求小男生也跟她一起回國。

這次，言聽計從的小男生居然開始了反抗，原因是他的學業其實並沒有完成，如果此刻回國，那就是半途而廢。

簡里本來也沒有非要小男生回國，主要是想看看對方的態度，

沒想到小男生不僅沒聽話，還頭一次反抗了。他的這種態度讓簡里內心的不甘、掌控欲全面爆發。她說什麼也不讓步，非要小男生跟他回國不可。

兩個人之間爆發了第一次的冷戰，但冷戰也沒有持續幾天，小男生又習慣性地回來討好，除了沒答應回國，其他時候都是卑躬屈膝。

簡里和他吵了一個月，發覺自己是真的沒辦法把小男生帶走了，於是憤然和小男生分手，斷然一個人回國。

很多年後，說起這一段感情，簡里內心是有遺憾的。她心裡很清楚，當時自己要小男生回國是何等霸道和不講道理，而且小男生的學業也只剩了不到一年。當時只要自己接受遠距離戀愛，或者乾脆在英國多待一年，可能就過了這一關，而兩個人也不至於分手。

可簡里的情緒像是烈火一樣包圍著她，讓她沒辦法低頭，也沒辦法堅持，最後所謂的斷然分手，其實不過是無法面對一個始終討好自己的人，居然對自己說不。

簡里當時的想法就是：「寧為玉碎，不為瓦全。你既然不聽我的，我就走。」

但回國後，她確實是後悔了，她後悔的點並不是不該逼對方，而是覺得自己不該這麼輕易放棄，如果當時她再堅持一下，說不定這段感情就能修成正果。

雖有遺憾，但簡里沒有傷心多久，甚至她還是憋著一口氣，想要找下一個。很快，她就找到了。

回國後，簡里找到了非常好的工作，隨後又開始了自律而健康的生活。她辦了一張會員卡，然後在健身房裡認識了游泳教練小康。

小康是個才進入社會沒多久的小男生，比簡里小五歲。簡里一眼就看上了小康，並非常直接地報了小康的課。

簡里會游泳，還參加過大學的游泳隊，可為了撩男人，她已經學會裝旱鴨子了。

不到三十歲，有著青春的肉體，又有強大的精神，還有成熟的閱歷，這樣的簡里簡直太容易搞定小弟弟了。

不過是上了他四五次課，小康就被她迷得神魂顛倒，當天就約會吃飯，然後帶簡里回家。兩人順理成章地在一起。

簡里剛和小康在一起的時候，當了幾天的淑女。簡里本來就嬌小，看起來也柔弱，而小康一百八十五公分的大個頭，身材健碩。兩個人走出去，經常被人稱為「最萌身高差」，羨煞旁人。

當然，這段關係的轉捩點很快就來了。

小康租的房子到期，他四處尋找便宜划算的合租房。簡里想了一下，覺得這是個很好的機會，於是邀請小康來和自己合租，自己當二房東，小康只需要承擔一半房租就可以了。

小康當然願意，他本來就經常去簡里家，現在能和女朋友同居，又只需要出一半的房租，從此過著甜蜜的二人世界，簡直太開心了。

　　但其實，簡里有很多的小心思。這間樓中樓的房子，其實是簡里自己買的，所以，根本沒有租金這回事，她自己就是房東。

　　但為什麼要收小康一半的房租呢？因為簡里考慮得很長遠，她覺得如果兩個人要長長久久地在一起，那就必須都要付出努力。自己有房，然後讓男朋友免費住，那不就是吃軟飯嗎？對小康沒有什麼好處，所以還不如收他房租，讓他努力工作，然後收的這個錢，還可以當作兩個人未來的生活儲備金。

　　於是簡里假裝是合租，但實際上卻成了小康的房東。而另一方面，她也開始了對小康的全面改造。

　　改造，或者叫改變，這是許多女生在傳統婚姻或者感情裡經常說到的詞。

　　我們說愛情是兩個個體之間相互吸引，兩情相悅產生的情愫。你是因為喜歡這個人，才會和他在一起，但如果在一起之後，又發現了很多不喜歡的地方，該怎麼辦呢？

　　如果以科學的方法來看，就是觀察不喜歡的分量，如果不喜歡的部分占比太大，以致改變了整體的性質，這個人整體都變得沒那麼令人喜歡了，就可以分手了。

但我們的感情關係裡，卻經常洋溢著一種「從一而終」的想法。這種想法，是從傳統觀念裡傳承下來的。

所以很多女孩認定的觀點，就是如果我喜歡一個人，或者曾經喜歡過一個人，那我就不能離開他，或者說，不到萬不得已就不能離開他。

這裡帶來了「忍耐」的文化傳承，所謂相忍成金，所謂媳婦熬成婆，都是在勸女性在情感裡要多多「忍耐」。

但隨著女性主義的覺醒，在感情和婚姻裡的忍耐逐漸不被女孩們接受，有一大部分的人，開始抗拒忍耐。

抗拒忍耐的同時，從一而終、不能輕易分手的想法卻固化在大腦裡，於是她們的選擇就只剩下一個。

那就是改造。

要把對戀人不滿意的那部分進行改造，讓對方改變。讓對方徹頭徹尾地變成另一個人，變成符合自己長期需求，滿足自己情緒安全以及生活安全的那樣一個人。

簡里並不知道這些原理，但她在接受小康成為自己同居男友的同時，又對他有非常多的不滿意的地方。她認為對方現在的狀態，是不可能承擔起兩個人的未來責任的，所以要對他進行改造。

首先要改變的就是小康不夠上進的問題。簡里覺得一個游泳教練如果只會教游泳的話，是毫無前途的，至少也要涵蓋健身、健

美以及搏擊格鬥等一系列的技能才可以。於是她開始逼著小康考各種證照。

這時候小康還沒感覺出什麼，反正他也是吃這碗飯的，要考就考吧。於是他報了很多的培訓課程，培訓當然要花錢，小康有時候錢不夠，就會跟簡里借。

頭一次兩次，簡里就趁勢要求小康把薪資帳戶提款卡壓在她那裡。渴望管錢是掌控型情感模式的本能，她們幾乎都認為，只有管錢才是管人的開始，不讓她們管錢比什麼都難受。

小康並不知道被簡里管住了錢意味著什麼，他還覺得自己可以更輕鬆一點，不需要考慮太多。

一年下來，小康考了好幾張證照，薪水也漲了不少，但零用錢卻始終只有一萬元，不過他也覺得暫時夠了。

一年後，簡里對小康的未來發展有了新想法，她覺得小康唯一的出路，只有創業。

理由是，現在小康的薪水，根本負擔不起兩個人將來的生活，更不要說生孩子了，但小康覺得兩個人的日子當然是算兩個人的收入。

誰料到簡里勃然大怒，甚至動手打了小康手臂好幾下。簡里覺得小康身為一個男人，居然不願意獨立承擔家庭的責任，簡直就不是個男人。

在女朋友的情緒暴力之下，小康很快就屈服了。他不情不願地和幾個教練一起，開了個小型的健身工作室。

小康雖然不會創業，但由於又高又帥，願意跟著他練的學員還是不少。這個健身工作室，運作了大半年，其間經歷股東退出等一系列事情，終於在年底開始盈利。

事業上了正軌，小康就開始計畫把簡里帶回家，讓雙方家長討論結婚的事情。

誰料到有一次簡里去送下午茶給他，回家後她就立刻命令小康關掉工作室，不准再做健身教練了。

因為簡里在工作室裡，正好撞見小康幫一個穿得很少的漂亮女孩按摩，兩個人一邊按摩，一邊有說有笑的。在簡里看來，這根本就是曖昧。

小康和那個女孩到底有沒有曖昧，這點暫時不好判斷。但簡里的判斷，主要是憑藉這幾點：首先女孩穿得很少，其次兩個人有肌膚之親，最後在有肌膚之親的同時，兩個人居然還很開心。滿足這三點，當然就是曖昧。

若以別的情境來看，這三點判斷法確實也沒什麼問題。

不過小康解釋，健身私教在訓練完之後，替學員按摩或者拉筋是慣例。至於女生穿得少，那只是正常的健身服裝。

小康還拿出了和這個學員之間的聊天記錄給簡里看，甚至願意把學員轉給別的教練，以證自己的清白。但簡里根本受不了，她覺

得自己已經遭到背叛，小康就是渣男，根本不值得信任。

　　其實這個事情的癥結，並不在按摩與否，而在於這個女學員長得年輕漂亮。

　　但問題是，明明是簡里把小康逼成健身教練，逼成工作室老闆，她也知道這個行業的情況，也知道小康會吸引年輕女學員。但簡里並不會因此而放棄小康，會選擇小康，她滿心想的是要改造他，把他這個渣男變成一個不渣的男人。所以簡里命令小康退出工作室，甚至不准他再做健身教練。

　　這讓小康完全無法接受。雖然當初他並不想創業，可現在付出這麼多，終於開始賺錢了，怎麼能放棄呢？何況他現在手上有不少的會員，都是已經交了錢的固定客戶。

　　小康的拒絕，讓簡里的內心陷入癲狂。

　　掌控型情感模式的一個重要特點，是不能接受被拒絕。很多事情，對他們來說，其實也不是必然必要的，如果假以時日，他們情緒平緩之後，可能自己也不想要了。

　　但如果自己被拒絕了，那麼他們一定會內心癲狂，並產生劇烈的強迫情緒，不管這個事情怎麼樣，也非要做到不可。

　　內心癲狂，是個特別的狀態。即使表面看起來很平靜，可情緒在內心已經像燒開的水，根本無法控制，除非能完成自己的目標，

否則是無法被安撫的。

簡里和小康先大吵了幾次，然後簡里衝到工作室，幫小康和幾個合夥人談退股的事情。

小康在抗拒的時候，簡里居然把他的那些裝備全丟了。小康氣到離家出走，簡里找遍了他的朋友，硬生生把他找到後，要求他說清楚。他氣急敗壞地要分手，簡里動手揍了他一頓，兩個人不歡而散。

小康在朋友家住了一段時間，以為自己已經和簡里分手了。但他不懂掌控型情感模式的人，在癲狂時期有多可怕。

半個月之後，簡里又出現在了小康的面前，她看起來情緒變得很穩定，並且很溫和。她說要和小康談談。

簡里居然當著所有人的面向小康道歉，這種示弱的行為，以前從沒有過。簡里擺出來的低姿態，讓小康內心感動，最後兩人和好了。

但和好，並不代表事情解決。示弱，只是簡里要達到自己的目標做出的姿態而已。

簡里內心的癲狂緩緩平靜下來，但她的焦慮已經轉化成了一個目標，這個目標就是不讓小康繼續當健身教練。

當掌控型情感模式的人把目標確定下來後，是個很可怕的狀態，說明他們已經可以在平靜的情緒裡，理性地來處理問題，並把

這個目標執行到底。

如果你和掌控型情感模式的人在一起，當他們完全冷靜下來之後，要特別注意，這可能是他們戰鬥力最強大的時候。

簡里在之後的生活裡，不斷挑撥小康和合夥人的關係，悄悄地刪掉了他和客戶之間的聯繫方式，還一直灌輸健身教練吃的是年輕本錢的觀點，甚至還聯合了小康的父母對他施壓。

這一段時間，簡里不覺得有什麼，甚至小康都不知道發生了什麼。但在我們訪談的過程裡，再度重新整理的時候，我說這就是在摧毀一個人的人生。

我們每個人的人生都有好有壞，有起有落，這是正常的。但在一個人的人生裡，什麼最重要呢？

是選擇權。

因為選擇權是每個人與生俱來的權利，這也是我們願意自己承擔人生結果的根本理由。我們每個人都有選擇自己道路的權利，同時也必須承擔最後的結果。無論這條道路走得怎麼樣，無論通向哪裡，只要是自己選擇的，那就是我們的人生。

但掌控型情感模式的人，總是習慣性地阻斷自己所喜歡的人的人生道路。這種阻斷原因有很多種，可能是為了對方好，可能是為了自己的情緒，但不管怎麼樣，其實自己阻斷的，都是對方的選擇權。

而這種阻斷和改變，就是摧毀了別人自己選擇的人生道路，也就是摧毀了另一個人的人生。

不管你的理由是什麼，用盡一切辦法去摧毀別人的人生，那就是一種殘忍而自私的行為。

簡里為了不讓小康當健身教練，真的是坑蒙拐騙，用盡了全部的力氣，最後終於得逞。

被廢掉事業的小康陷入了迷茫期，不知道自己該幹什麼。簡里為了給小康父母一個交代，又想出一招，要小康去考研究所。這又是個小康不情願，卻又沒有足夠理由拒絕的事情。考研究所這種事情父母都喜歡，似乎又是一件對生涯規劃有幫助的好事，然後小康又被光明正大地困在家裡，顯得非常有安全感。

小康其實非常不想考研究所，但在簡里建立的防禦網裡，他自己的意願已經變得不重要了。

又是一年的時間，小康覺得自己就是一個人形傀儡，每天渾渾噩噩地做著自己不喜歡的事情，而簡里每天都洗腦他，說這是為他好，是他最好的選擇。

結局不用說，研究所當然沒考上。簡里對小康的失敗很憤怒，還想逼著他再考。這時候，小康卻已經得了嚴重的憂鬱症。

這個故事最後的結局很糟糕，小康在治療過程中慢慢明白，自己的狀況和簡里的掌控是分不開的，於是他逃命似的逃回了老家。

這中間又有簡里好幾次趕往他老家「索命」，但小康最後還是在家人的照料下避開了簡里，並用了很長時間才慢慢康復。小康逃跑了，簡里卻崩潰了。她覺得自己付出了一切，每個選擇和決定都是為了對方好，最後怎麼會落到這種境地？簡里到底有沒有問題？如果有問題，又是什麼問題呢？

你內心的魔鬼是如何誕生的？

要探討掌控型情感模式是很困難的，真正的掌控型情感模式的人通常不願意自我承認，但如果說起他們的母親，則會容易接受得多。

事實上，我們回顧母親對自己一生的干涉和掌控時，就會發覺，自己的人生中其實早早地被種下掌控型情感模式的種子。

而在各種情感經歷裡，這顆種子會發芽和生長，慢慢地讓我們也變成掌控型情感模式。

任何情感模式的形成，都源自原生家庭在你內心種下的那顆種子。但有的種子會成長，有的種子卻不會發芽，這是為什麼呢？

在上文裡我們已經探討過這個問題。原生家庭種下的種子是

否會成長，主要看你在未來的情感經歷裡，受到多少創傷。

我們在看劇或者看書時，經常會笑稱某個角色「黑化」了。不幸的是，我們自己的人生裡，也經常會遇到這種黑化的轉折點。

黑化的轉折點指的就是我們在各種人際關係和情感連結裡所受到的創傷。

在相似的原生環境裡成長的兩個人，若其中一個在人際關係裡獲得支撐，在情感連結裡一直被愛，那他可能會變成更溫和的人。在情感模式上，也不會具有強烈的攻擊性，在評判別人的意圖和行為時，也更加善良。

而另一個人，若在人際關係裡被不斷欺騙，在情感連結裡也一直被傷害，造成了巨大的創傷，那麼他可能會變得更加激進。在情感模式上，會具有讓人難以理解的強烈的攻擊性，在評判別人的意圖和行為時，會顯得惡意滿滿，或者認為別人隨時隨地會攻擊自己。

這就是我們在看到許多人生模型時，生出來的悲涼感。

當我們判斷一個人的情感模式時，是在接受某一個結果。而這個結果，是由原生家庭的悲劇和各種情感創傷共同造成的。每個人都有自己的故事和眼淚，最終才變成了現在的自己。

我們在研究某個情感模式時，是在走一整條時間線，整個時間線最終組成了一個人。這個人，就是你，就是我，就是我們人生裡

的主角。

　　所以當我們發覺自己是掌控型情感模式時，不要先否定或者抗拒。先看到自己，然後瞭解形成現在的自己的原因。

　　幾乎所有人，都是被迫成了那個自己不喜歡的樣子。我們先瞭解和認同，然後再去改變。

掌控型情感模式的特質

掌控型的特質❶：在我眼裡，你永遠都不成熟

　　掌控型情感模式對戀人的不滿，通常都是最先來自認為對方不成熟。

　　其中也有不夠聰明、學歷不夠高、家庭背景不夠好等因素，但整體上來說是一致的，就是認為對方在生活裡不夠有能力，沒辦法滿足自己對將來生活的要求。

　　掌控型情感模式在戀愛或者婚姻過程中，會有逐漸對另一半增加要求的行為。

具體的表現是：

- 剛談戀愛時，要求不算很高，或者可以容忍很多事情，但會陸續溫和地提出改進需求。
- 如果順利改進，則提出更多的要求。
- 如果被拒絕，則以為了將來好為理由，進行控訴和管理。

值得注意的是，掌控型的人在戀愛初期通常都不會提出過分的要求。

但如果你以為他們能一直保持那就錯了，隨著時間的推移，要求只會越來越多。

掌控型會認為另一半的不成熟並不會隨著對方做得多而改變，因為這和對方是否成熟沒有關係，只是他們自己的內心焦慮。

最後，掌控型情感模式的父母，也幾乎有相同的心路歷程，他們一輩子都認為子女不成熟，想要插手他們的人生。

掌控型的特質❷：我想要改變你

大多數人如果認為另一個人身上有很多毛病，幾乎無法忍受，最常見的做法是選擇分手，但掌控型情感模式並不會隨便分手，他們往往會選擇去改變對方。

因為在他們的心目中，兩個人已經在一起了，就不能隨便分手。因為隨便分手意味著品德問題，或者是承認了失敗。

所以改變一個人，讓一個人變成自己所需求的樣子，成了他們唯一的選擇。

他們在工作、生活習慣、性格、人際關係、學習方面會提出源源不斷的需求，要求一個人有責任感、有道德、有擔當、有上進心、有審美、有學習能力、有拚搏精神。

但凡美好的特質，都希望對方擁有，完全不顧每個人都不是完美的，必然會有優點和缺點。但掌控型基本上只會盯住對方的缺點，卻認為對方的優點是應該的。

這個「想要改變你」的過程，會非常具有壓迫感。

掌控型情感模式的人有個特點，譬如他提出了你有五個缺點，你改掉了其中一個，他不會高興，反而會憤怒，因為你還有大部分的缺點沒有改。

如果你改掉了其中三個，他們依然不會高興，因為他們迫切地想要看到另外兩個改造的完成，隨著最終目標越來越接近，他們的強迫情緒會更強烈。

而就算你終於把五個缺點都改了，他們只會鬆一口氣，然而開始對你進行下一階段的改造。

所以，為什麼很多人在掌控型的眼裡，是個永遠都改不好的傢

伙，就是因為改良是永無止境的。

掌控型的特質❸：攻擊性管理

在與人的相處過程中，掌控型情感模式的人一定會覺得自己很累。因為他覺得自己一直在付出巨大的努力，把你改得更好，你還不領情。

其實我們在生活裡如果能遇見像老師的朋友，是很幸運的事情。這意味著能學到很多東西，並會有一些積極的改變。

但掌控型情感模式的人並不是像老師的朋友。雖然都會讓你有改變，但最大的區別是：攻擊性管理。

有老師特質的朋友往往會觀察你，然後善意地提出一些意見。至於你聽不聽、改不改，那是你自己的選擇，他們並不會因此而抓狂，更不要說對你進行管理。

但掌控型情感模式的人恰好相反，如果他們認為你身上有缺點，他們會採取強迫性質的行為，要你改變。並且在整個過程裡，對你進行全方位的掌控，其中很多行為都是帶有攻擊性的。

譬如要你開放手機定位，要你刪除異性，要直接去找你的老闆、同事，要你全程直播自己的行為，不允許你擁有隱私等等。

在這個管理的過程裡，他們以為自己占據了道德制高點，所以

完全不顧及人際邊界，壓迫式地讓你屈服。

我們通常都會認為，攻擊性管理是一種惡意的管理。因為這種管理模式根本不在意你是否情願、是否舒服，只顧著達到自己的某種目的。

所以攻擊性管理並不是真的在解決問題，而是掌控型舒緩自己內心的焦慮和不安的方式。

在掌控型情感模式的人的眼裡，他們提出的意見，是必須執行的命令。

掌控型的特質❹：內心瘋狂（情緒失控的焦慮）

掌控型情感模式的人為什麼總是會對別人進行攻擊性管理，總是希望別人改變呢？

因為他們可以掌控自己的愛人，但卻掌控不了自己狂風暴雨的心。

掌控型情感模式的人往往會極度的缺乏安全感。即使在別人眼裡，他有錢、有事業、有人喜歡，但他還是沒有安全感。

極端的缺乏安全感，我們認為，依然是內心焦慮的一種。

而這種焦慮，往往是對過去創傷的一種回應。

也就是說，像簡里這樣的女生，因為從小到大所經歷的情感創傷，讓她在任何情境下，都會不由自主地做出情緒的應激反應。如果不嚴格地來說，這也是一種「PTSD」（創傷後壓力症候群）。

打個比方，曾有人身無分文沒有飯吃，餓了三天三夜，這對他造成很大的創傷。後來他有了五十元，但還是焦慮自己明天會沒飯吃，所以拚命地努力工作。等到他有了一萬塊錢，別人覺得他已經不需要焦慮生存問題了，但他還是牢牢地記得自己曾經餓過肚子，所以依然焦灼地生活。

甚至有了一百萬的存款後，他還是會不斷地跟別人說自己隨時隨地會餓死，必須一刻不停地賺錢。

這就是極端的缺乏安全感。

因為掌控型情感模式的人總是有嚴重的焦慮情緒，所以他們希望自己的另一半帶給自己安全感，他們會提出各種各樣的要求，希望對方進行改變，以此來鞏固這種安全感。

在這個過程中，他們會將目標分出明確的階段和量化，最後以強大的執行能力，指揮他人一步步地執行。

一些在事業上比較厲害的掌控型情感模式的人，常常把管理員工的方法帶回家中，也因此在感情關係中，給他人帶來了非常大的痛苦。

掌控型的特質❺：執著於干涉別人的選擇權

我們在講述案例的時候，往往會講一些比較嚴重的故事。而生活裡更多的案例，是很多人兼有掌控型情感模式，或者處於掌控型情感模式的初級階段。

所以，你可能還不會像簡里那麼深度地去干涉別人的選擇，但在這本書裡，必須要非常慎重地告誡大家，掌控型情感模式發展到最嚴重時，會有什麼後果。

那就是——摧毀別人的人生。

可能許多人覺得自己不至於做這種事情，但實際上，掌控型情感模式的人在摧毀別人的人生時，都欣欣然地以為，自己是帶著別人在攀爬人生巔峰。

什麼是人生？人生不是一個按理想的圖景刻出來的範本，不是只有一個最巔峰的選擇，不是只有功利主義的好和更好。

真正的人生是在自我愉悅中進行獨立地選擇，所走出來的道路。

而這裡最重要的就是**每個人應該有自己獨立的選擇權，別人只有建議權，而不能動用任何方法，去強迫他人進行選擇。**

但掌控型情感模式的人到了後期，往往擁有強大的執行力。他們可以透過種種方法來讓對方妥協，譬如冷暴力、語言暴力、洗腦式說服、PUA（全稱「Pick-upArtist」，原意是指「搭訕藝術家」，

後來泛指對異性誘騙洗腦）精神控制、家人圍攻、情緒勒索等。

而造成的結果其實都一樣，就是讓自己滿意，干涉了對方的選擇權。

如果我們事先知道，這個行為，實質上摧毀了別人本來可以自由選擇的人生。

那你還會去做嗎？

掌控型的特質❻：愚蠢的掌控行為

最後講一個在很多傳統家庭裡可能會出現的，一種最糟糕的掌控型情感模式的生活方式，我們稱之為愚蠢的掌控行為。

之前講的掌控型情感模式的人給大家的印象可能是在外是事業強人，在家是家庭的支柱。這種形象縱然是不少，但掌控型情感模式還有一種，那就是「家庭炸彈」的類型，一般多見於家庭主婦或者以家庭為主的男性之中。

他們並沒有很強的能力，甚至有些人也沒有見過多少世面。他們並不是非常聰明的人，可能認知也很狹窄，但卻在家庭裡掌握了很大的權力，可以左右家庭成員的選擇。如果家庭成員不順從，則會爆發出很大的情緒。

這類掌控行為，在外人看起來很愚蠢。因為他們常常為了一些

流言和傳聞，就開始肆無忌憚地做主，干涉家庭成員的行為。

當這類掌控型情感模式的人出現在一個家庭裡，往往是家庭悲劇的開端。因為他們無法接受被拒絕，也無法被說服。任何拒絕都被當作爭執來處理，而他們的抉擇又是毫無依據可言的。

所以當你面對這樣的家庭時，要在做選擇時及時脫離，盡量不要讓掌控型情感模式的人參與到決策過程中去。他們只要不知道、不參與，就不會有任何焦慮情緒彌散出來。

但很多人明知道自己家裡有掌控型情感模式的人存在，卻偏偏喜歡把事情拿回家去討論，這相當於把選擇權主動交出去，自討苦吃。

在你自己無法爭奪選擇權時，要懂得在選擇的關鍵時刻隱藏。生活的智慧，常常展現在這裡。

6

取悅型情感模式

因為在乎,所以在乎。

這是取悅型情感模式的典型心態,越是在乎的人,就越是關心對方的感受。許多時候,這個類型的人所做的事情、表情、動作、還有說的話、談論的話題,都是對方希望聽到的。

不懂拒絕的痛苦人生

　　這一章開始講「取悅型情感模式」。

　　生活中很多人都是取悅型情感模式，而這種情感模式在四種情感模式裡，反而是痛苦感最少的。

　　許多具有這種情感模式的人，因為EQ比較高，人際關係比較好，也願意表達自己的感受，願意為別人付出，所以往往能擁有正常甚至比較好的生活，也可以獲得不錯的愛情和婚姻。所以相比較起來，取悅型情感模式的人似乎是生活的贏家。

　　但獲得生活的回饋和內心幸福安寧是兩回事。我們在研究中，接收到了大量取悅型情感模式的案例，雖然其中大部分人生活過得不錯，但他們普遍感覺自己幸福感並不高，認為自己主要有以下幾方面的痛苦。

- 取悅症
- 不懂拒絕
- 情緒累積
- 高度敏感

　　為了說明取悅型情感模式的具體特徵，我們選擇了一個比較特殊的案例。她的生活可能不是所有人都能理解的，但整體情感模式的形成過程以及最終的結果，都是取悅型情感模式推演至極致的表現。

　　羅藝來找我們的時候，已經得了比較嚴重的憂鬱症，甚至多次住院。我們在和醫生共同研究時，發現她並沒有經歷什麼嚴重的創傷性事件。而事實上，在被確診為重度憂鬱之前，她還在正常地上班、戀愛，並且她還是家人的開心果和親友們解決問題的智囊。

　　所以在很長一段時間裡，父母、親友都無法接受羅藝得了憂鬱症，他們覺得這個世界上誰的心理出了問題，羅藝的心理也不會出問題。

　　但其實羅藝的內心非常痛苦，就算人人都覺得她開朗樂觀，但十幾年來，她內心的痛苦從來沒有停止過。

　　確實人人喜歡她，但這是她用不斷犧牲自己的利益、為別人服務換來的。

家人、朋友有事確實都喜歡找她，可她就算再不想理人的時候，也不知道該怎麼拒絕人。到最後，便宜被人占盡，還被人埋怨。

她內心有過許多的委屈，可卻不知道該跟誰說，只能一個人默默流眼淚，但在人前還要裝開心。

她活得非常累，因為她始終關注著別人的情緒，希望每個人都開心。到最後，別人的不開心都傳遞給了羅藝，而她的不開心只能自己受著。

羅藝的這些痛苦，是她身邊那些親人、朋友都很難理解的，因為他們從未感覺到羅藝有過任何心事。

今天就算把案例放在這裡，許多人可能也很難理解取悅型情感模式的痛苦。

我們就從羅藝的原生家庭和成長經歷開始，研究她到底是怎麼養成這種情感模式的。

羅藝在鄉下出生，是家裡的老大，她出生沒多久，父母就外出工作，她便留在鄉下，跟著爺爺奶奶生活。

她童年的生活過得不好不壞，就是見父母的時間少了點。平日裡，她有時住在奶奶家，有時住在姨婆家，在不同的親戚家裡輪換著住。

其實有很多像羅藝這樣的孩子，從小都是這樣長大的。他們

當中很多人看起來外向開朗，或者聽話，也和人相處愉快，但實際上，他們和別的孩子的成長模式是不同的。

今天我們來分析一下，這樣長大的孩子，他們的原生家庭是怎麼樣的。

我們現在經常忽略隔代教養的小孩，包括在老家不同親戚家長大的孩子的原生性格問題。

他們和正常核心家庭成長的孩子之間，有什麼不同之處呢？其實正常核心家庭成長的孩子，他們也並不是沒有和親戚往來的習慣，也會經常和別人社交，住在別人的家裡。

但這類孩子，他們的內心是有依靠的，因為他們生活在自己父母身邊，會很清晰地知道，大不了自己可以回家，肚子餓了可以叫父母做飯，累了可以睡在自己的家裡。

所以，他們處於一種有支撐的社會關係當中，即使面對親戚朋友，也不會做出過度取悅的行為。

而隔代教養長大的孩子，他們沒有父母在身邊，喪失了最大的依靠，而老人在一個家族裡往往是共用的，也就是這群孩子在成長過程裡，並沒有自己獨享的支撐。

他們在被親戚養大的過程裡，始終處於一種沒有後援支撐的社會關係中。

因為對生存的恐懼，他們慢慢學會了在各種關係中「看臉色」的能力，每當他們說了一些讓別人開心的話，就會被不斷獎勵，於是又學會了「說好話」的能力。

這是最常見的「取悅型情感模式」種子的形成原因。在童年時，這種原生家庭的種子被種下後，並不會被重視，甚至很多人會覺得這樣的孩子特別成熟，特別懂事。沒有十幾年的持續觀察，大概很少有人會發覺，這種原生種子，最後會結出什麼樣的苦果。

羅藝在老家一直住到上國中，然後被父母接到都市上學。這時候，她又多了一個妹妹和一個弟弟。妹妹和弟弟都是父母在外工作時期生的，從小生活在父母身邊，和父母都很親近。羅藝剛到父母家的時候，覺得自己格格不入，她感覺父母和弟弟、妹妹才是一家人，而自己就像是個外人。

而另一方面，她又極度地渴望得到父母的愛，所以努力讓自己表現得更好，表現得和弟弟、妹妹關係也好。

羅藝在新的學校裡，沒有半個朋友，但又必須努力讀書，她想用更好的成績來證明自己的價值，讓同學、老師和父母喜歡她。

但有些學校學風並不是很好，成績好、努力讀書的外來轉學生，反而會遭到一些孩子的嘲笑。

那段時間，羅藝過得很糟糕，她在學校裡鬱鬱寡歡，每天回到家之後經常一個人躲起來哭，情緒壓抑到了極點。

父母偶爾注意到羅藝的情緒，雖然也有安撫，但主要還是希望

她能集中精力念書，當弟弟妹妹的好榜樣。

做弟弟妹妹的榜樣這件事情，成了羅藝的另一個精神支柱和目標。於是她咬著牙在學校裡撐著，讓自己成為一個品學兼優的好學生。

看到羅藝的成績蒸蒸日上，父母覺得這應該是個不讓人操心的聽話孩子，於是經常在親戚、朋友、鄰居面前誇她。周圍的人也總是把羅藝當成別人家的孩子，當作榜樣來看待，教育自己家的孩子。

羅藝臉上洋溢著開心的笑容，可她內心真的快樂嗎？

做榜樣和品學兼優，其實已經是壓在這個孩子身上的兩座大山。她為了背負這兩個金光閃閃的牌子，背負了非常大的身心壓力。

而這時候，第三座大山又壓了過來，就是父母一直在教育羅藝要「懂事」。

在多孩子的家庭裡，要某一個孩子「懂事」，本質上是父母在掩飾自己的偏心。若說得再嚴重一點，是傳統家庭中歷來為更受疼愛的子嗣犧牲其他子嗣的文化。

在羅藝過去的生活裡，這種懂事表現在哪兒呢？

譬如有好吃的，必須弟弟、妹妹先吃，然後大人再吃，自己是最後一個吃的。

譬如有什麼好玩的，要讓弟弟、妹妹玩，甚至鄰居小孩玩，是

輪不到自己的。譬如有什麼好機會，還是要先讓給別人，最後才能考慮自己。

說到底，就是有好東西先給別人，自己只能擁有最差的。若要付出的時候，自己必須第一個衝上去，來替別人分擔。

只有這麼做了，羅藝才會被父母以及其他人誇獎為「懂事」。

這種「懂事」文化，在很多自詡為家教好的家庭裡盛行，父母會認為自己沒有寵壞孩子。

如果是獨生子女的家庭，這種懂事文化還不會導致太嚴重的心理問題。可如果在多子女家庭，父母又雙重標準的話，那麼被犧牲的孩子的內心，會長期受到創傷。

因為我們以一個高道德標準，去要求一個尚且無法控制自己欲求的孩子，然而又對其他孩子報以低標準要求。

懂事的孩子，雖然表面並不會表現出什麼，但內心是非常委屈的。而這種委屈又被高道德綁架壓制住了，所以他們慢慢養成了壓抑自己真實需求和真實情緒的習慣。

羅藝就在這三座大山的壓力之下，努力讀書，最後考出了優異的成績。在填志願的時候，羅藝原本是想上Ａ大學，但父母卻不同意，要她填某個大城市的Ｂ大學。雖然也是名牌大學，但排名卻差了好幾名。

父母的訴求很簡單，他們希望羅藝能到這個大城市讀書，然後

站穩腳跟，以後弟弟、妹妹也可以跟著到那裡，過比較好的生活。

在父母看來，羅藝身為家裡的大姐，為弟弟、妹妹犧牲一點是應該的，更何況只是換個學校而已。

羅藝的內心是一萬個不願意。因為在她最難的時候，是去讀A大的夢想支撐她堅持繼續讀書的。可以說，她整個學業生涯都在為讀A大這個夢想而奮鬥。

但她在父母的要求下，沒有明確地表示反對，就乖乖地填寫了大城市B大學的志願。

考上大學之後，羅藝過得不錯，畢竟學校也是一流的名校，讀的科系也是自己喜歡的。在校園裡，羅藝的性格讓她如魚得水。

羅藝從小養成的會看臉色、會說話的能力，被人們稱讚EQ很高。

老師喜歡她，室友喜歡她。於是她很快成為社團幹部，學生會幹部。很多煩瑣細碎的事情，都交到了她手上。

雖然很累，可是完成了不少大型的活動，羅藝也非常有成就感。

大二的時候，羅藝談了場戀愛，男朋友是學校裡的風雲人物。這場戀愛，完全是羅藝單方面追求的結果。

在一場球賽上，羅藝第一次見到了球場上的宇翔。宇翔是體保生，某系足球和籃球的雙料隊長。羅藝說那是一眼誤終生，從此就為宇翔神魂顛倒。

幸好羅藝不是那種只會暗戀的人,在感情上她還是蠻主動的。羅藝回來後就開始打聽宇翔的情況,到處找能認識對方的途徑。不到一個禮拜,羅藝就順利地和宇翔認識了,但宇翔身為一個在學校裡擁有大量暗戀者的風雲人物,對羅藝並沒有太大興趣。

羅藝卻不氣餒,她開始找機會和宇翔相處,並想方設法地去認識他的兄弟,看到底哪裡有突破口。

羅藝人緣很好。很快,宇翔身邊的兄弟、系裡的同學,就都成為羅藝的眼線。宇翔出現的場合,羅藝總是會被邀請出現,而且周圍的人時不時還會為他們製造曖昧場景。

大學生的戀情比較單純,宇翔在大家的起鬨下,終於有些鬆動,但也還沒有完全接受羅藝。

後來羅藝發現宇翔非常喜歡一款遊戲,除了上課和訓練,幾乎所有時間沉迷在這款遊戲裡。於是,羅藝也悄悄地玩起了這個遊戲,並且在遊戲裡建了個公會,把學校裡玩這個遊戲的人都一個個地拉了進來。

這種方法對於宇翔這樣的直男真是超級管用的,他很快就加入了自己學校的公會。身為遊戲的高級玩家,他很快就進了公會管理層,結果發現羅藝居然是公會的負責人。

就這麼一點點遊戲裡的光環,卻迅速地打動了宇翔。在某次半推半就的酒後,宇翔對羅藝表白,兩個人宣布在一起了。

談戀愛之後，羅藝對宇翔非常好，每天送早餐給他，無微不至地照顧他的生活。宇翔對她則是呼之即來，揮之即去，但羅藝還是甘之如飴。

　　別人談戀愛，經常會約會，但羅藝沒有。因為他們的約會就是在一起玩遊戲，羅藝還把自己公會老大的頭銜讓給了宇翔，但公會的管理卻全部自己負責，只讓對方享受耀眼的光芒。

　　玩遊戲、談戀愛、照顧男朋友，再加上學生會社團的事情，讓羅藝忙得像是不停旋轉的陀螺，好幾次她都累得生病了，卻還要硬撐著去幫男朋友洗衣服。

　　戀愛談了一年多，周圍終於有人看不過去，勸羅藝還是分手算了。原來宇翔不僅平時壓榨著羅藝，而且還和別的女生曖昧不清，甚至有和宇翔曖昧的女生，私底下還戲稱羅藝是「保姆」。

　　羅藝瞭解實情後，傷心地去找宇翔，要說個清楚，一邊哭一邊要和他分手。誰料到宇翔卻完全無所謂地跟她分了手。

　　分手後一週，被痛苦逼得沒辦法的羅藝又跑去求宇翔復合。可那時候，宇翔已經和別的女生在一起了。

　　這段校園之戀，讓羅藝本來就缺乏的自信，變得更加少了。像羅藝這樣的孩子，她從童年開始缺乏自信，而且她的自信不能透過非親人的讚揚來補充，甚至很多榮譽，很多成績，很多在別人眼裡非常強大的能力，都只是她自信的「雲煙基礎」。

　　什麼是「雲煙基礎」，就是看起來好像是可以支撐起你全部的

自信，可是在一次打擊後就會煙消雲散。

在學校裡，羅藝原本還因為自己是學生會幹部，幫老師做事以及有個風雲人物的男朋友驕傲過，現在失戀了，她所有的自信都煙消雲散，彷彿什麼都是空的、虛的。

羅藝甚至在學校裡都待不下去，只能回家休息一段時間。她滿心以為會得到家人的照顧呵護，可父母根本就沒有絲毫照顧她的心思，反而怒斥她不好好讀書，只知道談戀愛，將來如果沒辦法在大城市紮根，就不能好好照顧弟弟妹妹了。

羅藝本想在家人的支持下找回自信的，卻只得到了失望。她只好鬱鬱寡歡地回到學校，埋頭當起了鴕鳥。

羅藝大三一整年不聞窗外事，大四就一頭鑽進了公司實習。大學畢業後，她果然沒讓父母失望，在大城市找到了不錯的工作。

但此刻父母提出了更高的要求，他們要羅藝用心賺錢，把每個月的薪水都存下來，盡快在大城市裡買房子，以便日後弟弟妹妹去了有地方住。

這件事情，又像是一座山似的，壓在了羅藝的心上。她比其他同年齡的人更拚命地工作，除了工作和加班，幾乎沒有別的娛樂活動，更沒有談戀愛。

雖然事業發展得很好，可羅藝卻像是居住在孤獨的城堡裡，除了幾個閨密，沒有人會看到真正的她。

平日裡，她唯一的情感連結，就是打電話給父母家人，但通話內容很少有溫馨的時候，通常都是父母嘮叨羅藝要努力再努力。

不過考上大城市名校的羅藝，此刻卻成了家族的焦點，各種親朋好友紛紛都和羅藝有了聯繫。有什麼事情，也經常要找羅藝幫忙，甚至家裡小孩成績不好，或者夫妻鬧離婚都要羅藝來協調。

有時候羅藝也疲於奔命，可一旦拒絕親戚，父母就會打電話來把她罵一頓，說親戚們從小把她照顧大，現在不管人家就是不孝。

在大城市打拚的羅藝，有時候覺得自己就是一隻深陷鋼筋水泥城市的蟲子，到處都是冰冷的牆壁，必須小心翼翼才能生存下去。而與此同時，她發現自己竟是沒有同盟的，所有的親人都是她的壓力，需要她背負著前行。

她就是一隻背負著全家的壓力，生活在陌生城市裡的螞蟻。

她以為自己只能這樣下去，沒有人會愛她，她要每天帶著面具對別人微笑。可就在那一年，她遇到了一個男生小程。他們是在工作中遇見的。

小程高高瘦瘦的，不算帥但很正經，比羅藝略大幾歲。當羅藝以一貫的微笑面對他的時候，男生的拘謹讓羅藝印象深刻。之後，他們開始在通訊軟體上有一搭沒一搭地聊天。終於有一天，小程約她吃飯。兩人第一次約會倒也很開心，但結束時，小程卻突然提出，約會所有開銷都要AA制。

這種要求讓羅藝很詫異，她覺得可能是小程對自己不滿意，於是把自己的那份錢付了。

　　回去之後，羅藝就當自己進行了一次失敗的相親，她的生活也沒什麼改變。不過，一週後小程又約她吃飯。

　　這次羅藝是抱著好奇心去的，想看看這個男人究竟要幹什麼。沒想到小程居然對她表白了。

　　羅藝有點愣住了。但小程說，他每次想和別人AA制，都會被女生說小氣，但他真的就認為兩個人如果只是戀愛的話，把錢算清楚是最好的，而羅藝是唯一一個什麼都沒說，願意直接付錢的女生，所以他覺得羅藝很適合他，想要試著交往。

　　這個表白理由實在是夠奇特的，如果是其他女生，絕對會叫他走開。可羅藝卻又不知道該怎麼拒絕了，她猶豫再三，竟然被迫答應可以試試。

　　縱觀羅藝的人生，拒絕困難症一直伴隨著她。無論是面對家人、親戚，還是面對同學、老師，甚至是面對一個還不太熟悉的男人的表白，她都沒辦法拒絕。

　　拒絕困難症出現在取悅型情感模式裡，幾乎是必然的。這當然和原生家庭有關。

　　很多人從小被情感忽視，或者生活在一個自己不被關注的群體裡，所以別人的認同感和評價，對他們來說至關重要。

成年之後，因為害怕別人的評價，害怕不被人認同，所以在面對請求時，總是傾向於接受，而很難有力量地說出拒絕。

這種拒絕困難症，往往會表現在沒辦法看到別人失望，不能見別人的眼淚，不想被別人一再糾纏上。

拒絕困難症是取悅型情感模式的人的痛苦來源之一，他們因為拒絕困難，所以被迫改變自己的命運，被迫承受不必要的壓力。

心理學家阿德勒認為，一切煩惱都來自人際關係，如果一個人要追求別人的認可，無法接受被別人討厭，那就沒有辦法按照自由意志生活。

拒絕困難症患者、取悅型情感模式的人，就是這樣一群被人際關係捆綁，而沒有辦法按照自由意志生活的人。

羅藝在和小程交往的過程中，覺得小程其實是個不錯的人，只是他的消費觀實在是讓人難以理解。

小程是所謂AA制的忠實追隨者，他們出去約會，所有費用都要平分，連看電影的電影票都是一人一張。去超市的時候，買東西都是一人一袋，各買各的。

過節的時候，羅藝希望對方能夠送自己鮮花，卻被拒絕了，理由是鮮花沒有用。

小程的同事、朋友請他吃飯，他要回請的時候捨不得花錢，於

是把人帶回家，弄了一大袋的蔬菜做蔬菜火鍋吃，還要羅藝一起吃，把本錢吃回來。

兩個人出去旅行，小程記帳記到零頭都算得很清楚，絕不會讓羅藝占一分錢的便宜。

後來羅藝總算是看清楚了，小程這哪是平等的AA制，根本就是小氣。他甚至小氣到在觀光景點買瓶水都不捨得，讓羅藝忍著口渴。

小程的理論是，人和人之間都是平等的，談戀愛憑什麼男人要給女人花錢，而且愛情要純粹一點，純潔一點，所以不能用金錢來表示愛。換句話說，如果要花錢買禮物，就不算純潔的愛情。

羅藝本身也是個十分節儉的人，但她還是希望能夠收到男朋友送的鮮花和禮物，還是希望對方能給自己一些浪漫的感覺。但小程說得很明白，這都是不可能的，甚至結婚之後，他們也依然要保持這種AA制的生活。

羅藝的戀愛談得很不舒服，但她只是希望男朋友可以有些改變，卻沒有想過分手。

因為對羅藝來說，一個人在城市裡的生活實在是太孤獨了，她沒有人可以說心裡話，沒有人可以依靠，甚至沒有人可以結伴。

所以當小程在身邊時，羅藝珍惜到了極致，她努力讓自己去取悅對方。為了能夠讓自己有一點點愛的滋養，她可以忍受所有的事情。

談了一年多的戀愛後，羅藝把小程帶回家見父母，而這次回家，成了壓垮羅藝的最後一根稻草。

父母第一次見女兒的男朋友，自然是準備了好酒好菜來招待。在飯桌上，母親看似無意地問了句將來結婚後，能不能讓弟弟、妹妹住在他們家裡。

小程連想都沒想就斷然拒絕了，他說如果考上當地的學校，可以住宿舍，畢業後可以租房子，完全沒必要到姐姐家一起住。羅藝母親不甘心，又試探地問，將來如果弟弟、妹妹要買房子，身為姐夫是不是能幫忙出頭期款。

向小程要錢，那簡直就是跟他要命。小程頓時就有點惱怒，說出了你們是嫁女兒還是賣女兒的話。

這頓飯不歡而散，小程當晚就離開了羅藝家。

而羅家簡直就炸開了鍋，父母要羅藝立刻和小程分手，發誓絕對不會接受這樣的女婿。羅母甚至說，羅藝將來嫁人必須找一個對娘家有幫助的人，否則自己這麼辛苦送她上大學是為了什麼。

父母要羅藝期限內分手，要她絕不能和這男人在一起。回去後，羅藝也不知道該怎麼和小程說。而小程則對羅家父母非常不滿，認為他們都是吸血鬼，壓榨自己的女兒，他鼓勵羅藝離開家庭，自己獨立生活。

羅藝左右為難，一面是母親每天打電話問她有沒有分手，一面又是男朋友要她偷偷和他去登記結婚。

這種焦灼的生活，影響了她的工作狀態。在工作上犯了一連串錯誤後，公司就把她辭退了。

羅藝抱著自己的東西回家，手機裡滿滿都是男朋友不斷抱怨著她父母的訊息，而母親的電話一通接著一通地打來。

她突然崩潰了，整個大腦像是經歷了一場雪崩一樣，轟然倒塌。

精神崩潰的羅藝後來被朋友送去了醫院，住院一個半月，才勉強地控制住。她在心理醫生的幫助下，試圖整理自己的家庭關係和感情關係，但每次一想到家裡和男朋友，她都會情緒激動，幾近崩潰。

就在這種情況下，父母依然不願意來照顧她，而男朋友雖然在身邊，但對她的家庭，沒有絲毫原諒的可能性。

羅藝的案例，成為我們所經歷過的一個悲劇性事件。同樣我們也從她的身上看到，很多被我們認為高EQ的人，本質上是用自己的痛苦來換取別人的認同感。

再重複一次：**很多高EQ的人，本質上是用內心的痛苦來換取別人的認同感。**

你用什麼來換別人的開心？

　　看完羅藝的案例，可能很多取悅型情感模式的人都會代入其中，並且自怨自艾。但我們必須知道，羅藝是許多取悅型案例中比較典型的一個。她的痛苦，是由很多偶然和必然組合而成的。而生活裡的取悅型情感模式，有輕重之分，生活品質也有好壞之分。所以絕大部分人，並不會陷入崩潰的邊緣，但依然會感受到許多的痛苦。

　　而人類的性格是繁複的，取悅型情感模式的人會承受許多不必要的壓力，可同時也會享受到情感模式帶給自己的好處，並且還有相當一部分人，會過度地使用取悅型的技能，而為自己攫取利益。

　　好壞善惡，有時候只是一念之間。我們現在來看看，取悅型情感模式的基本特質。

取悅型的特質❶：在乎別人的感受，希望別人開心

　　取悅型情感模式的人尤其重視和自己有情感連結的人的感受。換而言之，父母、兄妹、朋友、親戚、愛人，這些人對他來說非常重要，特別是一對一交流的時候，他會時刻關照別人的感受，希望別人開心。

　　取悅型情感模式和我們日常說的社交取悅是有本質上的區別的。在商業環境裡，有些人是具有社交取悅能力的，也就是在任何場合都是開心果，會活躍氣氛，讓大家都興奮起來，讓不熟悉的人都熟悉起來。這一類人和取悅型情感模式雖然有重疊，但兩者的意圖是不同的。

　　社交取悅，是人們希望透過這種方法獲得利益、好處、重視，是偏功利主義的，其基礎來自理性的思考。

　　而取悅型情感模式，則是在具有情感連結的人當中取悅別人，如果和自己有關係的人不開心了，他們會不由自主地自責，甚至內疚。這並不是來自功利主義的考慮，而是由衷的、原生的情緒。

　　譬如說，某個取悅型情感模式的人，在一個朋友聚會中，會表現得很活躍，會不斷關注自己的朋友，怕冷落了其中任何一個人。而同一個人，在完全陌生的商業社交場合上，卻會顯得很沉寂，不愛開口。這就是許多取悅型情感模式的人不熱愛社交的原因。

　　因為在乎，所以在乎。

這是取悅型情感模式的人的典型心態，越是在乎的人，就越是關照對方的感受。

許多時候，取悅型情感模式所做的事情、表情、動作，還有說的話、談論的話題都是對方希望聽到的。

值得注意的是，這裡也涉及一個所謂「渣男」的問題。有些人是取悅型情感模式，當另一半提出要求的時候，經常會想也不想地就承諾下來，可他們並沒有兌現承諾的能力。所以在許多時候，他們被認為是渣男。

但實質上，他們只是希望對方開心而已。這種取悅，會對自己和對別人，造成一定的傷害。

取悅型的特質❷：高EQ，同理心強

取悅型情感模式在別人眼裡，是典型的高EQ人群。

他們在人際交往中，往往顯得談笑風生，遊刃有餘，所以成為不少人羨慕的榜樣。

我們經常會聽到有人說，如果能像某人一樣高EQ就好了，彷彿只要自己EQ高，就可以擁有全世界。

在功利化的社會裡，我們認為高EQ是一種強大的技能。只要擁有高EQ，就可以辦成很多事情，獲得很多好處，並且被很多人

喜歡。

但取悅型雖然看似像高EQ，其實並不是人們所理解的高EQ。

因為**取悅型擁有的高EQ和同理心，並不是為了自己解決問題，也不是為了自己獲取利益，他們所有的心神意志，都放在讓別人（有情感連結的人）愉悅上。**

這種高EQ的特徵是會察言觀色。

譬如說，你帶男朋友回家吃飯，你母親和男朋友聊天的時候，突然皺了下眉頭，你就會迅速記住，並且之後會小心翼翼地問母親，看男朋友是哪句話說錯了。如果母親真的生氣，你會想辦法補救。

這就是取悅型情感模式的心理狀態。**你不是為了達到自己的某個目的，而是害怕某種讓人不愉悅的狀況發生。**取悅型的高EQ和同理心，讓他們習慣性地站在對方的角度來想問題。

譬如吃飯，不會想我愛吃什麼，而是會想對方喜歡吃什麼。在點菜和上菜的時候，會一直關注對方的神情，生怕自己點錯菜。

這種狀態會讓和你相處的人很舒服，所以別人通常會誇你高EQ。

但必須要再次說明，這和正常的高EQ是不同的，這種所謂「高EQ」的狀態，會帶給取悅型情感模式的人很大的痛苦。

因為他們的所謂「高EQ」，其實一直都讓自己處於「高敏

感」的狀態，一直在關注著別人，一直保持同理心，這會讓他們的情緒一直被其他人的表情、語言掌握。而越是高敏感，就越不會漏掉任何負面細節，所以他們的情緒其實會經常處於心驚膽戰的波動中。

社會上那些高EQ的人，他們利用這個特質來獲得利益。他們雖然也是情緒和感官處於高敏的狀態，但因為最終有實際好處，所以他們的高壓力狀態會獲得獎賞，在獲得獎賞後，情緒也容易放鬆下來。

而取悅型情感模式的人則不同，他們的高敏感是沒有任何實際獎賞的，他們的愛人、親人不會給他們實際好處。而這種高敏感也沒有鬆懈的時候，因為讓他保持這種狀態的，恰恰是他身邊的人。

如果取悅型沒有辦法解除自己的高敏感狀態，那他的生活一定是緊繃的、高壓的，他的情緒也一定時刻處於混亂和沸騰的狀態。

取悅型的特質❸：拒絕困難症

拒絕困難症，是取悅型情感模式的人能感受到的最大問題，也是他們痛苦的最主要來源。

他們無法拒絕人，尤其是無法拒絕和自己有情感連結的人。因為他們害怕自己處於一種被負面評判的境地，害怕自己讓別人感受

到傷害，所以往往會選擇接受別人的請求。

在接受請求的過程中，如果對方還表示懷疑，那麼取悅型情感模式的人甚至還會強化這種接受，也就是我們平時所說的「承諾」。

譬如說，你希望男朋友可以在一年內買房，其實他根本不具備短期內買房的實力，但害怕你失望，他並沒有拒絕這個完成不了的目標，然後告訴你，他努力在一年內買房。這時候你可能會有點不敢相信，質疑他是隨便說說。你男朋友乾脆發誓，說他一定在明年的元旦之前買房子。

這一整個過程，就是典型的取悅型情感模式的「承諾」模型。他們非常清楚自己是做不到的，但在整個心理模型中，完全是順理成章地答應下來，並且做了鄭重承諾，甚至不惜賭咒發誓。

一年後，你會怒斥男朋友說話不算數，根本就是個渣男，但實際上你忽略了他根本不具備買房能力的這個事實，而事實是不會因為承諾而發生變化的。

在你的感知上，你是被人欺騙了。但在他的心理邏輯裡，他是被迫欺騙你的。

這是在無能力時的承諾，也就是拒絕困難。那麼在有能力的時候表現出的拒絕困難，造成的後果可能會更嚴重。

取悅型情感模式的人，較常見的是無法掌握自己的人生。

譬如我們曾經遇到的一個案例。一個二十八歲的女生，有自己的小生意，有自己的人際關係。遇見某位成功人士，陷入熱戀。該

成功人士希望女生可以放棄生意跟自己回老家，並承諾會養她。

女生心裡一萬個不願意做全職家庭主婦，可拗不過男人的一次次要求，最終她成了對方的籠中鳥。五年後，男人嫌棄她只會待在家裡，一點都上不了檯面，於是和她離婚了。

那時候女生已經三十三歲，遠嫁在一個自己不喜歡的城市裡，沒有事業，沒有工作，也沒有愛情。她感覺自己的人生已經徹底毀了。

她的人生當然沒有徹底毀掉，但因為過度的取悅，最後依照別人的要求來改變自己的人生軌跡，以致人生失控了。

取悅型情感模式非常典型的狀態是面對人際關係內的壓力，沒有辦法釋放出自己的反作用力，最後只能陷入「人際關係災難」。

比較常見的是，一些女生會在父母的壓力之下屈服，會在男朋友或丈夫的洗腦下被迫答應。她們想要的人生，自己的命運，會被人際關係改得面目全非。

所以具有取悅型情感模式的人到中年後，會感覺自己的半生就是隨波逐流，並不是自己想要的。

取悅太多，就會喪失自我。

付出太多，就會失去自由。

取悅型的特質❹：容易成為情緒輸出的承載者

取悅型情感模式的人在家庭和婚姻裡，很容易成為情緒輸出的承載者。

這裡所說的情緒輸出指的是對方單方面的指責、辱罵等負面情緒的輸出。

在感情關係裡，我們經常會看到，有些人因為原生家庭以及情感模式，無法控制自己的情緒，這時候就會經常對愛人進行情緒輸出。

掌控型和自虐型的人都是情緒輸出的主力，他們往往會忽略愛人的優點，而專門抓住對方做錯的事情，進行無休止地情緒輸出。

而取悅型往往是最佳的承載者。首先他們不會對抗，對抗會導致另一半不開心，這是他們不願意做的。其次，他們同理心強，所以能很快發現對方生氣的點是什麼。然後取悅型善於承諾，所以很快就會讓愛人的怒火變成成果。最後取悅型還善於連續認錯，也就是一次認錯之後，還會經常主動提及，再次認錯。

因為取悅型情感模式的這一系列特點，所以他們成為情緒輸出的最佳承載者，凡是和他們吵架、語言暴力、語言審判的人都會覺得很有成就感。因為自己能贏，贏了還有好處，有了好處，對方還覺得是自己不對。

取悅型情感模式的人比較容易談戀愛，被認為脾氣好，也是因為這一點。

但值得注意的是，雖然取悅型情感模式的人甘願成為情緒輸出的承載者，其承載的限度也遠高於其他的情感模式的人，但最終還是有限度的。

所以我們經常發現，取悅型情感模式的人在受到長期的情緒暴力之後，往往都會有難以宣洩的情緒堆積問題。

解除這種情緒堆積的方法，可能是出走，也就是突然消失離開，不給任何理由和藉口；也可能是出軌，在別人身上獲得情緒的宣洩和滿足。

如果取悅型情感模式的人完全不能解除情緒堆積，那麼得到憂鬱症的機率就很高了。

所以當你習慣於情緒暴力和情緒輸出的時候，就要注意了，那個一直被你欺負的人，他雖然很能忍，但忍到一定時候，他的出路就是要麼離開，要麼出軌。

我們在講感情關係的時候，經常說要給彈簧一個回彈的空間，千萬不要拉到底，就是這個道理。

取悅型的特質❺：比較容易建立情感連結

取悅型情感模式的人，普遍自我認同度較低。而自我認同度較低的人，往往更容易建立情感連結。

同樣處於高敏感狀態的自虐型，因為自尊心較強，所以在建立情感連結的過程裡，會不斷地抵抗和防禦，進行慘無人道地篩選，實際上他們並不容易建立情感連結。

而享受型需要選擇滿足自己享受要求的人，所以也是精挑細選，不夠格的絕對不會要。

掌控型會專門選擇自己可以掌握、容易掌握的人，自然也不會隨便亂選。

但取悅型情感模式的人不同，因為自我認同度低，因為對於評價關注的渴求，對於溫暖和愛意的渴求，所以他們不擅長選擇，更擅長隨波逐流地被選擇。

和別的情感模式不同，取悅型情感模式的人煩惱，往往不是沒得選，而是不知道該怎麼選。因為他們的特質，會經常被人喜歡。而被喜歡上之後，只要對方強勢一點，他就不知道該怎麼拒絕。

所以取悅型情感模式時常會劈腿，有時候他覺得自己是被迫劈腿的，因為太多人強迫喜歡他。

值得注意的是，在各種情感連結中，取悅型情感模式的人很容

易陷入「人際關係災難」。

所謂人際關係災難的發生方式舉例如下：

♥ 情感連結❶

有兩個男人同時追求你，一個是你喜歡的男人，一個是看起來比較渣的男人。在追求你的時候，比較渣的男人因為強勢，所以多次約你出去，並且向你表白。你在無法拒絕的狀態下，最後接受了，以致錯過了你喜歡的男人。

♥ 情感連結❷

有幾個人想要成為你的朋友，朋友A是個很好的人，基本不麻煩你。朋友B是個特別喜歡麻煩你的人，經常要你做這個做那個。但B在不斷麻煩你的過程裡，反而和你產生更多的聯繫，最後大家公認，B是你最好的朋友。

♥ 情感連結❸

你有兩個姑姑，大姑姑比較疼愛你，平時你給她錢，她也不要。小姑姑喜歡跟你借錢，隔一兩個月就會來跟你借錢。當她欠你的錢多了，反而以你的長輩自居，甚至你談戀愛的時候，選擇工作的時候，她都會橫加干涉。

以上列出來的情感連結，是不是很眼熟呢？是不是很像是你的生活呢？

因為你是取悅型情感模式，所以和你發生最多連結的人，都是在壓榨你、麻煩你的人。而那些真心對你好的人，因為對你沒有需求，反而和你的情感連結更少。

久而久之，你的身邊永遠都圍繞著想要利用你的人，而那些愛你的人，反而越來越遠。

你陷在人際關係災難裡，會愈演愈烈。你不懂拒絕，不知道脫離，到最後，只會把自己完全吞沒。

到現在，我們已經講完了四種基礎的情感模式，接下來，我們要進一步升級，講講情感模式的實際應用、配對和改善。

情感模式可以改變嗎？

複雜的人類，就是同時存在多種「外在性格」和「情感模式」，如果我們不把自己最底層的情感模式，也就是「性格底色」找出來，就永遠不會明白，自己為什麼會在感情裡做錯那麼多選擇。

情感模式的變化和偽裝

　　前面講了四種基礎情感模式，為什麼說是基礎情感模式呢？因為人類是繁複的，人類的性格如繁花般燦爛，又如群星般複雜，雖然也有性格極端，只屬於某種情感模式的人，但絕大多數人，都是多種基礎情感模式的混合。

　　因為我們的原生性格的形成，有來自父母的影響，有老師同學的影響，也有在成長過程中的創傷強化，還有道德感的約束以及社會準則的規範等等。這讓我們的性格變成了一種雞尾酒式的混合品。

核心情感模式

但絕大多數人，都有一種「性格底色」，這種性格底色是形成性格的最基礎情感模式，是在建立各種情感連結的過程裡，被逼到死角時的最終選擇。

有些人，平時寬容大度，遇到任何事情看起來都波瀾不驚，可真的到了談戀愛的關鍵時刻，卻會變成另一種人。

這就是日常的掩蓋偽裝過盛，反而粉飾了自己的性格底色。只有在真正做抉擇的時候，真實的情感模式才會顯現出來。

複雜的人類，就是同時存在多種「外在性格」和「情感模式」，如果我們不把自己最底層的情感模式，也就是性格底色找出來，就永遠不會明白，自己為什麼會在感情裡做錯那麼多選擇。

找到你的「核心情感模式」，是瞭解自己，並且搞明白什麼樣的生活會讓你感覺幸福安穩的重點。

但找到自己的核心情感模式其實並不容易，即使我們完成了情感模式的測驗，也會發現，自己有好幾個情感模式，甚至比重是均衡的。

所以這一章，為大家分析，究竟在我們的複雜性格裡，有什麼樣的迷霧，會讓我們看不清自己的性格底色。

是我們天生就會偽裝嗎？

是我們在人前總是喜歡戴著面具嗎？

還是我們一直以來，都在自己騙自己呢？

來看看籠罩在我們身上的迷霧，到底是什麼。

掩蓋——你看到的不是我的心，而是我的行為

小芳在單位裡一直顯得很強勢，對同事，尤其是男性同事總是不假辭色，讓人覺得她很凶。平時大家都怕她，也沒人敢和她談戀愛。

有次家人介紹了一個男生給她。才剛剛見面，她就向對方提出了五大原則，如婚前不能發生關係，多久要約會一次，什麼節日要送什麼禮物，等等。彷彿誰和她談戀愛，誰就是欠她的。

這種情況下，男生都被嚇跑了，就算偶爾有幾個人，在和她約會一段時間後，都會覺得她的態度難以接受，一邊想要甜甜的戀愛，一邊又很凶地指責別人不夠好。

有的男人說，小芳在愛情裡就像是個法官，一直在審判著別人對她夠不夠好，夠不夠格當她男朋友。

小芳的情感模式是什麼呢？看起來肯定是掌控型情感模式對吧。在測量表的結果裡，也是以掌控型情感模式為主，自虐型情感

模式為輔助。

那我們能否就簡單地認為，小芳就是個掌控型情感模式的人呢？

其實不然。小芳真正的核心情感模式，被表象情感模式掩蓋了。

這裡要用到一個「體用」的概念。在中國哲學裡，「體」代表的是本源、本質，而「用」代表的是表現和表象。

小芳表現出了強烈的掌控型情感模式的特徵，但我們可以再判斷一下，是什麼讓她表現出這種掌控性，或者說，她想用這種掌控的習性來做什麼。

透過對小芳生活經歷的調查研究，我們發現小芳從小生活在一個對她極為嚴苛的家庭裡，無論小芳做什麼，都得不到正面的評價，以致小芳失去了情感連結裡的自信來源。

這讓小芳養成了超強的自尊感，她在任何方面都全力地保護自己，為自己裝上一個個堅硬的殼，讓她看起來冷冰冰的，不好接近。

在求學過程中，小芳也曾暗戀過別人，但她的主動到最後都變成了嘲弄。所以小芳開始不再主動，甚至會抗拒別人的主動。

但隨著年齡增長，小芳對於愛情又有了很強的渴望，於是她從偶像劇和各種影片裡找到了關於愛情的定義，開始模擬出自己認為最好的愛情規則是什麼樣的。

於是慢慢形成了我們現在看到的小芳,她是高冷的,是頤指氣使的,是自尊心極強的,對向她表達好感的人是嚴苛的。

這裡面的掌控型情感模式,只是她的「用」,也就是表象的情感模式。

而她的性格底色,其實是「自虐型情感模式」,她在害怕挫傷和情感渴求裡相互糾結,在大腦的幻想裡完成了一段段的情感連結故事,而對外表達出來的掌控,完全是一種自我防禦。

這就是我們在情感模式研究中發現的「掩蓋」的特質。

核心情感模式經常會被表象情感模式所掩蓋,以致我們忽略了自己的核心情感模式。

如果小芳真的把自己的情感模式定義為掌控型,那她未來尋找到的人,往往會附著於她身上,不斷吸收她的能量。

但小芳其實自己也缺少能量,自虐型需要有人不斷地給她輸入愛的能量和認同感,如果她未來的情感連結是個不懂輸出認同感的人,那麼小芳便會覺得自己被拖垮。

這就是為什麼,很多看起來強勢的人,在照顧和掌控愛人的過程中,會覺得累,覺得不想再愛了,因為這類人只是用掌控的表象來掩蓋自己內心的虛弱而已。

當看清自己的性格底色是自虐型時,小芳才會知道,自己需要的愛是一種支撐性質的愛,她需要有人不斷地認同她,給她鼓勵,給她前進的動力。

所以，只有看清楚自己被掩蓋的情感模式，最後你才會明白，自己應該適合什麼樣的人，自己的戀愛模式應該怎樣改善。

偽裝——追求取悅期的警示

情感模式也有偽裝嗎？不僅有，而且很多人都有。

我們在談戀愛的時候，經常會說，他以前不是這樣的，現在變了，是不是因為不愛我了。

當你有過這種想法時，其實真的要思考一下，你是不是被一個人偽裝出來的假象欺騙了。

小莫找了個男朋友，這個男朋友各種甜言蜜語，接送她上下班，還一展廚藝，為小莫送了一個月的午餐。

小莫從小就被過度寵溺，跟男朋友說，自己是不可能做家事的，也不會照顧人。男朋友拍著胸脯說，自己很喜歡照顧人，而且家事做得很好。

小莫信以為真，和男朋友迅速結婚懷孕。婚後發現，自己老公每天回家就是抱著手機躺床上，基本上不願意做飯，能連續幾個月叫外送。

小莫想和老公商量，能不能請個阿姨來做家務帶小孩。可婆

婆得知後卻破口大罵，說小莫一個女人，居然敢不做家事、不帶孩子，簡直就是不守婦道。

小莫滿肚子的委屈，她去找老公傾訴，希望老公可以幫自己多承擔一點家事。沒想到老公卻直接翻臉，說自己是絕對不可能做飯掃地的，誰愛做誰做。

小莫覺得老公變化太大了，和婚前簡直就是換了一個人。可現在婚也結了，孩子也有了，也不可能輕易離婚，又該怎麼辦呢？

小莫的故事，是我們日常所遇到最常見的案例，她覺得自己的生活全然崩塌，卻又不知道該怎麼辦，只能歸責於老公的「變化」。

但從另一邊來看，她的老公從來不覺得自己有什麼變化，她的婆婆只會指責媳婦不做家務。

為什麼會這樣呢？因為情感模式有一個「偽裝」的屬性。

人類是很善於偽裝的，有些人是為了獲取利益，有些人是不想被人看穿，有些人是想對自己進行包裝。

而我們最常見的，是戀愛之初的「取悅期」偽裝。

我們知道，男性和女性對於異性的追求動力是不同的，男性往往是性驅動，女性往往是感受驅動，所以男性的驅動力會更大一點。

為了獲得異性的青睞，許多男性會進入一到三個月的「取悅期」。在這個取悅期內，男性往往會做平時不會做的事情，承諾根

本做不到的事情，甚至爆發出很大的動力，來完成一系列不可能的任務。

取悅期是一個大腦瘋狂期，它帶來的一系列動作，只能存在那一個週期之內，而且是針對某個人終身不可再現的。

這讓許多女生的判斷有了誤差。

譬如在熱戀期，小莫給老公做情感模式的測驗，認為老公是取悅型情感模式，以為他和自己很合適，因為小莫是享受型情感模式。

但結婚之後，才發覺老公一直都在偽裝，而撕去偽裝後，他一直都是「享受型情感模式」，和小莫一點都不相配。

這件事情，老公的父母知道，老公的朋友知道，只有小莫不知道。

所以我們反覆強調，結婚前一定要經過三次選擇：

第一次選擇是吸引，只要雙方相互吸引，並且產生情緒波動，就可以開始談戀愛。

第二次選擇是生活習慣和消費觀，主要看我們在生活裡是否契合。

第三次選擇是觀察對方家庭和家庭價值觀，以防兩個人乃至兩個家庭之間有重大三觀衝突。

時間可以幫你撕開一個人情感模式的偽裝。

轉變——這個世界終於改變了我

小涼是個家庭條件優渥的富家女，但外型條件普通，從小就被人叫作胖妞，用了很多方法都沒有辦法成功減肥。在她交朋友的過程中，很多人嫌棄她的外表，這讓她很難受。

在她的成長過程中，小涼發現，只要自己把好吃的零食帶去學校，就會有同學願意和她交朋友。於是她慢慢養成了習慣，習慣用別人喜歡的東西來換取情感連結。

這就是一個學習性的取悅型情感模式，這種情感模式讓小涼獲得了友誼，也獲得了愛情。她幾乎是朋友圈裡最受歡迎的人，因為出手大方，時不時送人禮物，讓朋友們每次聚會都能有好吃的，人人都滿意。

另一方面，總有人介紹她各種好看的男生。小涼談過幾段戀愛，每一段戀愛中，她都為男生花了很多錢，但最後發現這些男生都是劈腿亂搞的渣男，和她在一起都不過是為了享受而已。

最後的一段感情更誇張，那個男人就是個騙子，用做生意、買房子等種種藉口，從小涼手裡騙走了一千萬元。

小涼經過此次戀愛，終於徹底破防了，她才感覺到自己一直以來做人的方法是有問題的，她不能再這麼取悅他人，不能再對人這麼放心，她必須學會保護自己，否則只會一次次的受傷。

小涼終於打開了自我防禦系統，開始為自己疊加一層層的保護，拒絕情感連結，不斷地要驗證別人對自己的關係。在幾年的時間裡，小涼逐漸轉變成了自虐型情感模式。

這個情感模式的轉變過程，就是我們經常可以看到的，因為創傷而導致的情感模式的轉變。

我們把這個過程稱之為轉變也好，改善也好，但它確確實實地讓一個人的情感模式發生了變化。

時間——洞察一切的預言家

在閱讀了這一章後，很多人可能對原本篤定的某種情感模式，開始不再那麼確信了。

既然混合型的情感模式有掩蓋，人人都可能偽裝，甚至我們遇到創傷還會轉變，那到底怎麼確定自己或者別人的核心情感模式呢？

我們在研究人的內心世界的時候，會發現一個規律，只要你放棄絕對性，就會輕而易舉地找到打開別人心門的鑰匙。

人是動態的，但也有相對的穩定期。所以我們不考慮人們動態的絕對性，也不考慮靜態的絕對性，就會發現雖然每個人都在改變，每一秒鐘都在改變，但總是長時間地維繫著一個穩定的情感模

式狀態。就算遇到巨大的創傷性事件，情感模式發生了改變，也需要幾年時間才能改變完成，並正式穩定下來。

所以，觀察並確定一個人的情感模式，除了做我們的情感模式測量表，還需要一個關鍵要素——時間。

我們經常犯的錯誤，是會把一個人某一個瞬間的表現，當成細節，然後自動腦補成這個細節可以代表他的全部，他在平時的表現皆是如此。

所以要提出一個概念：不在時間裡被反覆證明的細節，只是一時的偽裝而已。

正因為如此，我們要確定自己的核心情感模式，需要考慮自己在一兩年之內的情感相處模式，從中獲得有力的支撐。

而我們要確定別人的核心情感模式，必然需要透過相當長的時間跨度來反覆驗證。

這也就是我從來不贊成閃婚的原因，你被某個時間點的某個人打動，但這個人可能只在那個時間點是這個樣子的。

甚至對方都不是刻意騙你的，但你就是被騙了。

為什麼你喜歡的人不合適，
合適的人你又不喜歡？

　　把情感模式的測驗當成定位，把時間當成刻度，你可以很容易看懂自己，也能看懂別人。

　　在這一章，我們來解決一個問題：為什麼你喜歡的人不合適，合適的人你又不喜歡？

　　相信很多女生都會遇到這個問題。許多人感懷，自己苦苦喜歡的那個人，用了很多的時間，最後發覺根本過不下去。而另一邊，有些人明明大家都覺得他很適合自己，自己也同樣認為合適，卻還是怎麼都喜歡不起來。

　　這是為什麼呢？這和情感模式也是息息相關的。

　　我們之前說過，情感模式在一個人的長時間週期之內是動態穩定的。也就是說，原生家庭促成我們的情感模式，它雖然可以被掩

蓋和偽裝，但核心情感模式卻始終築成了我們真實的原生性格。

這種真實性，在沒有遇到重大創傷事件之前，是比較穩定的，就算被一時偽裝，還是會很快（幾個月內）退回真實的狀態。所以，真實的核心情感模式之間的碰撞或者契合，是我們和某個人情感連結是否順利的關鍵。

情感模式其實沒有好壞之分，任何一種基礎情感模式，都有自己的優勢，也有自己的缺陷。

譬如取悅型情感模式，在很多人看來是特別好的情感模式，但只有擁有取悅型情感模式的人知道自己有多累。為了能讓別人高興，他們承擔了太多的情緒壓力。取悅型情感模式不持久，容易崩壞，甚至比起別的情感模式有更高的出軌機率，這都是缺陷。

再譬如掌控型情感模式的人，大家都覺得太過強勢，難以相處，甚至不得自由，但掌控型是具有強大內驅力的。他可以主動推進一段關係，可以讓一個家庭積極向前，可以讓很多懶散的人被推動，創造出價值，這些都是優勢。

優勢和缺陷意味著什麼？優勢和缺陷意味著衝突和彌補。例如我們玩過的七巧板，一塊凹進去的和另外一塊凸出來的，會正好拼湊在一起，這叫彌補。這塊凸出來，那塊凸出來，兩邊撞上了，這叫衝突。

你的情感模式就像是一塊七巧板，如果你的缺陷恰好是別人的優勢，這就被彌補了。如果你的缺陷恰好是別人的缺陷，這就產生

了衝突。如果你的優勢也是別人的優勢，這就產生了過度。值得注意的是，過度也會產生一系列的問題。

兩個人的情感連結，正是兩種情感模式的相互疊加。無論是碰撞衝突還是彌補，這一系列雙向運動，形成了情感模式的吸引和需求理論。

任何一個情感模式，都有自己吸引的情感模式，也有自己需求的情感模式。在絕大多數情況下，吸引和需求是不同的。

也就是說，**你吸引來的和你會喜歡的會是一種情感模式的人，而這種人，卻不是你真正需要的。**

如果讓我們的生活舒適幸福，這叫作相配的話，那麼我們喜歡的和能吸引的，往往是不相配的。而相配的，卻經常不能吸引。

為什麼會這樣呢？因為人類最初感知的愛情，是透過神經遞質的混合，讓你產生一陣陣情緒的波動，而這種情緒的波動，往往來自衝突。

一個和你各方面都很契合的人，只會令你感覺到舒服，並不會讓你產生太多的情緒波動。很多戀愛經驗少的人，總認為只有情緒波動才是愛情，反而忽略了這種舒服的感覺。

而和你產生衝突的情感模式，卻會讓你產生各種情緒波動。感動的時候特別感動，憤怒的時候特別憤怒，吃醋的時候特別吃醋。這種強烈的情緒波動，讓很多人覺得是遇到了一生摯愛。

打個比方，自虐型遇到自虐型的狀態。若若是個自虐型情感模

式的人，她遇見了張先生。剛見面的時候，她對張先生印象很好。張先生平時不怎麼說話，眼神憂鬱，神秘感十足，而每次說話都很有道理，讓人感覺才華橫溢。

自虐型情感模式一般都不喜歡油腔滑調的年輕對象，更喜歡成熟穩重，不會信口開河的人。

而另一面，張先生也覺得若若很好。因為若若一看就不是那種張揚虛榮的人，總是安安靜靜的，也不像是很容易被人搞定的類型。

張先生也是自虐型情感模式，他喜歡的女生，是要內斂的，不能太外向，要注重追求精神上的愉悅感的。

若若和張先生都覺得對方很合適，於是就決定在一起。談戀愛沒多久，若若和張先生就發覺，他們兩個人各方面都很像。

譬如遇到什麼事情不喜歡直接說，不開心的會憋在心裡面，有了矛盾不會直接吵架，反而會互不搭理，也就是一起冷暴力。時間長了，若若感覺很痛苦，因為兩個不愛表達情緒的人在一起，有什麼需要不溝通，有不開心也不溝通，只會生悶氣。任何一個人內心的情緒都沒辦法宣洩，而兩個人想要的愛的能量都沒有人提供。

這就是兩個情感模式相互吸引，卻又不相配。

這裡又帶來一個問題，為什麼情感模式不相配的兩個人，反而會帶來致命的吸引力呢？譬如若若和張先生這兩個自虐型情感模式的人，他們為什麼不是從一開始就感受到不合適，而是被彼此吸

引，並且過了很長一段時間，才感受到痛苦呢？

假如你是自虐型的女生，遇到了一個沉默如金的、文藝迷人的、有節制、有能力、有底線、不隨便說話、不輕易許諾的男人，你是不是會被深深吸引？

很多自虐型的女生，尤其在最初的幾次戀愛中或者在年輕的時候，特別容易被這樣的男人吸引。再加上如果這個男生在追求的時候，進入了情感模式的偽裝時期，就會更容易讓人迷惑。

因為很多男人在追求異性的時候，會有一到三個月的「臨時取悅型情感模式」。在這期間的追求，會呈現出非常明顯的取悅型情感模式的特徵，但這並不能反映他真實的情感模式。

但很多人不懂這一點，尤其是自虐型情感模式的人，會把熱戀期男性的表現當成一個恆定的愛情標準，總覺得要達到這個標準的，才是真愛。

自虐型的若若，因為張先生擁有自己喜歡的性格特質（自虐型的性格表達），而他又不斷地做出取悅自己的行為，這就迅速地產生了一系列的情緒反應。這種讓她開心、讓她好奇、讓她疑惑、讓她感動的情緒反應，一般被認為是戀愛的反應，於是若若愛上了他。

若若愛上的其實是對方的偽裝，也就是偽裝成的取悅型情感模式的張先生，但若若並未察覺。

直至六個月後，張先生臨時的取悅型情感模式結束了，一切偽

裝褪去。

若若突然發現，曾經的取悅行為沒有了，而那些她自己曾認為是巨大優勢的沉默、文藝、不隨便說話、不輕易許諾，又瞬間變成了憋悶、不溝通等缺點。

這個時候才發現，悔之晚矣。為什麼？因為兩個人太像了。兩個人遇到事情都不喜歡溝通，只願意自我消耗。

更麻煩的還有什麼？就算是若若和張先生這樣的情況，許多人還不願意放棄，還想再試一試，再掙扎一下。

因為若若滿腦子還想著，剛開始的時候張先生對我有多好。

這種把取悅期的偽裝當麻醉劑服用的情況很常見，所以又進入了**不相配情感模式的下一階段：相互改造階段。**

在這個階段，雙方都認為對方是可以被改造的。

理由是因為你以前不是這樣的，你以前不是這麼對我的。把對方曾經的偽裝當作自己改造對方的依據。

相互改造是一個極端痛苦的階段，因為它的目標是讓一個人變成他當初偽裝的那個狀態。而偽裝是什麼？是為了達到某一種目的而修飾和修改自己的行為，所有的偽裝都是有時效的。無論是若若的忍耐，還是張先生的取悅，這些都偏離了他們的核心情感模式，所以這些都是偽裝，都有一定的期限，並且沒有辦法被徹底改造。

♥ 情感模式的改善

經常有人會問，這個男人雖然是自虐型情感模式，難道我們不能讓他變成取悅型情感模式嗎？

不是不能，而是你不能。

我們在講述四種基礎情感模式的時候，反覆提到過：情感模式的形成，是原生家庭在人們心裡種下一顆種子，然後在後來一次次的情感連結中，這顆種子生根、發芽、長大。

也就是情感模式來自原生家庭，並且用了十幾年乃至二十年的時間定型。

它怎麼會是那麼容易被改變的呢？一個才認識了一兩年的異性，能夠提供什麼樣的內驅力來改變它呢？

情感模式不是不會改變，它需要巨大的創傷性事件提供驅動力，並且用幾年時間來適應定型才有可能。

譬如說若若和張先生相愛相殺了五年時間，若若一直希望張先生能夠改變，但他一直改不了。結果若若在想要分手的那一天，突然出車禍辭世了。這時候張先生受到了巨大的創傷，未來幾年一直在反思，當初如果對若若好一點，可能車禍就不會發生。於是張先生慢慢變成了取悅型情感模式，並且找了個新女朋友，過著幸福的日子。

而若若成為對方創傷性事件和改變的關鍵，她卻並不能親身經

歷改變後的生活。

所以，你可能被和自己相像的人吸引，但他們卻並不一定適合你。

適合你的人，卻不是你一眼就能看上的。因為需要時間，你才能確定，與這樣的人生活在一起會有多舒服。

與此同時，又出現一個新的問題。

同樣一種情感模式的人，為什麼他們的選擇會不一樣呢？有些人還在愛恨情仇裡打滾的時候，有些人已經選對了人。

難道這些人，不會因為吸引而選擇不相配的情感模式嗎？

8

找到與你相配的情感模式

相配的情感模式是什麼樣的呢？可能很少會有令你
狂喜的時刻，因為對你的情緒衝擊始終不會太大，
但它在很長的一段時間內，可以給你一種幸福安寧
的感受。

自虐型情感模式的配對：
請給我愛的能量

我們在研究「錯配」問題的時候，發覺很多人依照自己的情緒，選擇自己喜歡的類型。而這種選擇，往往會選擇不相配的情感模式。

不相配的情感模式在一起，並不代表不快樂，或許恰恰相反，你還會享受到極致的快樂。

之前有過一個受訪者曾對我說：

不談戀愛的時候，雖然不會有很大的快樂，但也不會有很大的痛苦，至少都是平平淡淡的。

而談戀愛的時候，會有很短暫的巨大快樂，但也會有很久很久的痛苦，所以比較起來，還是不談戀愛的好。

她這段話雖然有些道理，但並不是完全正確的，因為她所說的

談戀愛的感受，其實是在情感模式不相配的狀態下。

情感模式不相配的戀情，你依然會感受到極度的正面情緒，譬如快樂、激動、感動、興奮等。但與此同時，你會在更長的時間裡感受到強烈的負面情緒，譬如生氣、震怒、焦躁、憋屈、嫉妒、討厭等。

正因為不相配，所以你會有極度的情緒高潮。經歷了極度的狂喜，讓你感覺戀愛之後，便是長長的情緒碰撞，到最後，變成了一片餘燼。

而相配的情感模式是什麼樣的呢？可能很少會有令你狂喜的時刻，因為對你的情緒衝擊始終不會太大，但它在很長的時間內，可以給你一種幸福安寧的感受。

我們在關於幸福感的長期研究中發現，人們更願意把幸福感認為是一種安全而平和的生活方式，並不是劇烈衝突的狀態。

所以情感模式的相配與否，就成為這樣一個題目：你是否接受幸福是安全而平和的生活方式？你願意接受的情感狀態、愛情狀態、婚姻狀態，是不是這個樣子的？

如果你願意接受這樣的一個題目，那麼情感模式的相配和不相配就很容易被定義了。

讓你擁有短暫快樂和長期痛苦的，就是不相配。

能提供長期平和幸福生活能量的，可以讓你安穩往前走的，就是相配。

如果認同以上觀點，我們就可以展開以下的內容，我們將分別來講述四種基礎情感模式的相配和不相配類型。

自虐型 + 自虐型

很多自虐型在年輕時候，往往會愛上另一個自虐型。

兩個人在相愛相殺的歷程裡對對方印象深刻，將對方當作一生摯愛，甚至會發出，原來愛就是找到另一個自我的感嘆。

兩個自虐型的人是怎麼相愛的呢？

前文舉過案例，自虐型情感模式在剛剛相遇的時候，會感受到對方的沉默寡言，感受到對方是輕易不許諾的人，感受到對方很節制，感受到對方有才華，但內斂。

這個時候，兩個人就開始有了感覺。這種感覺會很奇妙，是一種不需要過多探索的熟悉感。

自虐型情感模式很容易被陌生人的熟悉感所打動。因為對自虐型的人來說，和陌生人建立情感連結是一個恐慌的事情。如非必要，他們是不會主動和陌生人去建立情感連結的嘗試的。

但如果一個陌生人，在行為模式和氣質等各方面，都讓人感受到熟悉感，那對於自虐型的人來說，就容易接受得多。

所以，為什麼自虐型情感模式在年輕時候會很喜歡同類人？因為這對他們來說，是最沒有風險的選擇，也是最能撥動心弦的選擇。

但我們要注意的是，**兩個人剛剛在一起的時候，是會刻意避免輸出負面能量的。**

即使是自虐型情感模式，在剛剛戀愛的時候也會有一些偽裝，這種偽裝主要集中在盡量不讓對方感受到自己的負能量。

但自虐型情感模式最大的特點，就是擁有巨大的負能量，他們的情感像是一個黑洞，需要有更多的愛的能量注入，才可以獲得內心的平和。

所以，在長期的相處過程中，兩個自虐型的人就會發覺很多問題。

他們會不高興，但不一定會有劇烈的爭吵，更多的是冷漠以對，相互憋屈。

他們不開心是不會說的，就等著對方來哄自己。結果呢，對方也在等著你哄他。兩個人的內心永遠住著一個需要被撫慰的小孩，等著對方來撫慰，他們卻沒有能力去撫慰對方。

兩個自虐型的人相處，彼此都在內耗，彼此之間的內心世界就像是兩條平行線，永遠都沒有辦法交織在一起。

自虐型情感模式其實很需要一個人來糾纏自己，配合自己，來接收自己內耗的負能量。

但如果自虐型的人和另一個相同情感模式的人成為伴侶，那麼這兩條平行線就會各自永遠痛苦，沒辦法在心靈上形成交集。

所以，兩個自虐型情感模式之間，可能是相愛容易相守難了。

自虐型 + 掌控型

自虐型情感模式和掌控型情感模式在一起會怎麼樣呢？

從原理上來講，這兩種情感模式從一開始就會相互抵觸，這是兩個先天就不會協調的情感模式。

自虐型是很討厭被人管制的，但自虐型並不討厭被管理，因為他們會想要被照顧的生活，希望找到一個可以依賴的人，所以當有人來管理他們的生活時，其實並不會太抗拒。

自虐型討厭的是被管制，也就是被拘束。如果一個人不僅僅照顧你，還要強迫你做一些事情，或者管束你，不准你做一些事情，對自虐型來說可能會忍一段時間，但並不會太久，他們很快就會做出反抗。這種反抗可能是用冷暴力來達到分手，或者乾脆直接逃跑。

在一系列案例中，我們發現自虐型和掌控型的人在一起，最終自虐型逃跑的機率非常高，可以說，這是他們最常見的選擇。

這也是很多掌控型情感模式的困擾之一，他們覺得自己對愛人很好，照顧得無微不至，雖然有管制，但那都是為對方好。可不知道為什麼，突然之間有一天，自己的愛人消失了，逃跑了，這讓他

們百思不得其解。其實就是自虐型一直不堪忍受管制，但又不願意和你正面衝突，最後乾脆一逃了之。

這裡有個問題，如果這兩種情感模式這麼不相配的話，那為什麼還能談戀愛呢？

因為掌控型情感模式在取悅期，特別容易偽裝成喜歡照顧人、喜歡寵人的狀態。一切都為對方考慮得面面俱到，並且顯得特別有能力。

自虐型情感模式在前期又會顯得很需要被照顧，兩個人之間就這麼相互吸引了。

如果沒有強迫管理這個問題，其實掌控型和自虐型還是很適合的。問題就在於，你把牢籠強加於一個內耗的人身上，會讓他無法忍受。

之前有個案例，女方是掌控型，男方是自虐型。前期女方顯得特別主動和特別賢慧，於是兩個人迅速戀愛結婚。然後女方開始管理，先把財權收攏，然後搞定了公婆，最後連男方的工作單位都搞定了。

在女方的層層牢籠之下，男方非常痛苦，但他並沒有表達這種痛苦，也沒有反抗，更沒有去談判。這讓女方誤以為自己持家有道，老公非常聽話。

可誰料到，結婚第三年，男人突然離家出走，整整五年，都沒

有再回過家。

　　人生最大的悲劇就在於此，明明是幾年的夫妻，最終卻你不知我，我不知你。

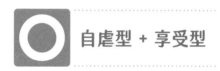

自虐型 + 享受型

　　享受型情感模式和自虐型情感模式的人在一起的案例很常見，但更常見的是享受型混合取悅型。純粹的享受型情感模式和自虐型情感模式可相配，但並非最相配。

　　自虐型和享受型這兩種人最相配的地方在於，他們並沒有很強烈的衝突。在情感交流上，享受型的人是願意表達愛意的，甚至是強力地輸出自己愛的能量，並且也願意去哄人。

　　自虐型在情緒上的內耗，是可以被愛人填補，甚至治癒的，這等於解決了自虐型絕大多數的問題，讓他們能夠忍受很多的不滿。

　　但這兩個情感模式的人在一起，也並不是完全沒有問題。

　　最大的問題在於，享受型的人除了在情緒和語言上願意付出，

其他方面基本上不願意付出。無論是勞力、精力還是財力，他們都偏於自私。

享受型的基本邏輯就是我要享受，我可以愛你，但你要讓我享受。他有時候可能會稍微付出一點點，讓你覺得溫暖，但大多數的時候依然是我行我素的。

而自虐型情感模式的人，他們是願意付出的，也喜歡看到另一半享受的狀態，他們嘴上不說，心裡卻希望對方能做得更多，主動地做更多。

可惜享受型的人是會讓自虐型失望的。他們通常是你不說，我就不做；你說了，我也不怎麼想做。所以時間長了，自虐型依然會有痛苦，他會覺得自己的愛人一直都在索取，不願意付出，沒有承擔，非常自私。

但就在這樣的痛苦裡，因為情緒上的空洞被滿足了，所以他們往往還可以忍受很久，甚至一輩子。

從案例上來看，不少鬧家庭矛盾的都是這兩個情感模式的組合。

在《愛情保衛戰》裡有個案例，四十多歲的妻子來控訴自己丈夫過於懶惰，不上進，除了在家滑手機，什麼都不做。

一問之下，他們結婚已經整整二十年了。這二十年裡，妻子雖

然一直對丈夫不滿，可偏偏從沒想過分手。因為他老公會好好的認錯，也會哄她。身為太太，她只是怒其不爭而已。

自虐型 + 取悅型

毫無疑問，對自虐型情感模式來說，取悅型情感模式是最相配的。

值得注意的是，這裡指的是有立場的相配模式。

也就是說，對自虐型來說，取悅型是最佳的。但對於取悅型來說，自虐型並非最佳，僅僅是可以配對。

我們要理解，在任何感情關係裡，兩個人同時幸福是很難的。一個人幸福，而另一個人比較幸福，這已經是很好的事情了。

自虐型與取悅型的高相配度在於，取悅型情感模式的人能夠時時注意到自虐型的內心狀態，所有的喜怒哀樂和悲歡憂愁都可以接收到。

取悅型的人願意照顧人，願意不斷地證明自己有多愛，願意不

斷地付出，甚至在自虐型的人無理取鬧時，也願意陪著。

　　自虐型找到了取悅型，相當於找到了一個時時刻刻來取悅自己的、關心自己的、寵愛自己的、時刻體察自己情緒需求的人。所以自虐型的人會慢慢地過著漸趨平和安穩的生活。

　　當然，這種生活對取悅型本身來說，可能並不好過，這個我們之後再說。

掌控型情感模式的相配：
請被我管理

 掌控型 + 自虐型

見P.243。

 掌控型 + 掌控型

　　在長期的案例研究中，我們發現大量的掌控型女性（僅女性），沒辦法找到正確的人，是因為她們錯誤地希望尋找一個強大

的，可以照顧自己的人。

有不少女強人，有些是四五十歲離婚的，還會跑來說，希望自己找個非常強大的男人，讓自己可以依靠。

問題是，這些女強人本身的性格就很硬，而且會不由自主地去管理別人，而強勢的男人根本就不服管理，到最後，大家只能吵翻了散場。

掌控型的女性為什麼希望找一個強大的人？因為在她過去掌控的生活裡，覺得自己很累，覺得控制管理著自己和別人的人生很辛苦，希望自己可以休息，也希望被照顧。

這種希望本來沒錯。可問題是，你如果控制不住自己的情感模式和行為模式，你還是會忍不住繼續管理別人的。

你想要，但你做不到，那你何必自討苦吃呢？

兩個掌控型情感模式的人在一起不合適的原因很簡單。

就是兩個人都會想著去掌控對方的生活，掌控對方的人生。到最後，誰都沒辦法在對方強烈的掌控欲裡生活下去。

男女都強勢的狀況下，離婚機率會非常高，就是這個道理。

掌控型 + 享受型

掌控型的愉悅感來自掌控戀人，希望戀人在自己的控制和管理之下。掌握他的一切行為，想讓他怎麼樣就怎麼樣，尤其是喜歡管理對方的人生。

而享受型恰好是最希望被管理的那群人，他們的目標是無憂無慮地享受生活，甚至是自己越少做決定越好。有些人就希望找一個幫自己做決定的人。

所以掌控型情感模式和享受型情感模式的人可謂是一拍即合，尤其在情緒上面，基本上是完美契合。一個希望被人管理，而另一個人能從掌控中獲得愉悅感。

但掌控型和享受型在一起後，在執行力上會產生問題。

掌控型掌控一個人，是希望這個人發生變化，希望這個人的生活按照自己的想法運轉。

雖然享受型也會聽命行事，可他們的問題在於執行力太差了，過於注重享受而不願意奮鬥，所以會經常陽奉陰違。

我們之前遇到的案例，都是妻子在努力地望夫成龍，而丈夫則是滿口答應，但一點行動都沒有。雙方爭吵的模式也是一個人拚命

指責，而另一個人躺平任嘲。

他們雖然看起來吵得很厲害，但最後卻形成了一個穩定的婚姻結構。

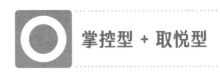

掌控型 + 取悅型

掌控型和取悅型也是高度契合的。**取悅型的人就像血型裡面的O型，可以和任何人配對。**

並非取悅型喜歡被人掌控，實際上，這種情感模式類型的人是不願意被人掌控的。

但取悅型有個特點，就是隨著別人的需求而改變自己。他們像是變色龍一樣，你喜歡綠色的時候，他就是綠色；你喜歡紅色的時候，他就是紅色。

所以他們如果愛上了對方，可以為對方變成看似被掌控的樣子。

而且掌控型的人有個特點，他們對生活的管理能力非常強，所以他們恰好可以克制取悅型情感模式容易放飛自己，出軌率偏高的問題。

享受型情感模式的相配：
你不鬧，我就能好好過日子

 享受型 + 享受型

現在大家基本上已經可以看出來，同類型情感模式的人往往會相互吸引，但在實際生活裡，卻往往過不下去。

現在有一些理論，就希望能找到相同的另一半，總覺得相同的人才叫契合。

其實這是個誤解，齒輪只有交錯，才叫契合。如果是同樣的齒輪，只會相互碰撞，根本沒有辦法契合。

戀愛也好，婚姻也好，家庭也好，兩個人在一起是一個典型的

團隊。這個團隊不能有兩個拖後腿的，不能有兩個主導，不能全是技術員，也不能全是業務員。他們必須是各有所長，可以相互彌補。

所以兩個完全相同情感模式的人在一起，相當於兩個技能相同的人在一起。剛開始當然可以相談甚歡，但時間長了呢，會發現根本無法形成團隊。

你不願意奮鬥，我也不願意奮鬥；你不愛做家事，我也不愛做家事；你驕奢淫逸，我也驕奢淫逸。

他們的喜好興趣確實相同點很多，譬如都喜歡去海邊，都喜歡去旅行。可是兩個人享受，總要有人付出。所以除非父母願意被啃老，否則這兩個人裡，必然有一個人不能躺平。

但誰願意呢？兩個人都索取慣了，根本就沒有想過為另一個人犧牲。

我們之前看過兩個享受型情感模式的人在一起，結婚初期生活得很好，他們把父母買的房子賣了，然後環遊世界，每天吃吃喝喝。

但過了幾年，錢花完了，兩個人就開始互相指責，都認為對方過於懶惰，不肯上進，搞垮了家庭。這就是一個典型的碰撞模式。

享受型 + 自虐型

見P.245。

享受型 + 掌控型

見P.251。

享受型 + 取悅型

享受型和取悅型的人毫無疑問是最合適的，因為取悅型的人具有超強的適應能力，會不斷為另一半做出改變。

享受型的人最希望的就是對方沒要求，然後無限滿足自己的要求，而這一點，取悅型完全可以做到。

但值得注意的是，取悅型的人並不是無限付出、毫無情緒的。

他們在不斷取悅、不斷付出的過程中，依然是有一定情緒累積的。

　　取悅型的人如果能及時發現這些情緒累積，然後解決這些情緒，這段感情一定會非常美好。但如果沒有發現，那麼取悅型的人有可能會轉而去追尋更好的對象，也就是我們說的出軌和劈腿。

　　但另一方面，享受型情感模式的人對於出軌的包容度是很高的。

　　所以我們在各種案例中發現，這兩種情感模式的人在一起，包容度極高，甚至對於對方的出軌行為都視而不見，兩個人變成一種開放式的婚姻狀態。

取悅型情感模式的相配：
疲憊地對你好

 取悅型 + 取悅型

取悅型情感模式與其他情感模式契合度是高的，可以說和其他情感模式都契合，但只有一種不契合，那就是自己。

為什麼兩個取悅型反而不行呢？

因為就像是兩個善於察言觀色的人在一起，他們會過得很累，時刻都在關注對方，為對方而改變自己。

可自己一旦改變，對方也會因為你而發生變化，所以他們會一直關注對方，一直在改變。

兩個人不斷地思考著怎麼滿足對方的需求，怎麼為對方而改變，於是兩個人會變得疲憊不堪，然後做很多無用的努力。

　　取悅型不太願意把自己的真實需求說出來，以致兩個取悅型的人在一起，會不斷地做重複的事情，到最後還不會有任何結果。

取悅型情感模式之相配類型的排名

　　取悅型情感模式的相配有很多，前文已經大致闡述過了，這裡主要講一下相配度的排名。

　　在我們對大量案例的調查和排序當中，發覺取悅型情感模式雖然和大部分情感模式都相配，但其實還是有相配度高低的差異的。

　　這個差異，主要取決於取悅型情感模式的立場。

♥ 最相配的是享受型情感模式

　　因為享受型會有及時的情緒回饋，管理欲比較少，又喜歡被人取悅，最後還能給你一種「我很享受」的愉悅感。

　　所以取悅型情感模式的人和這種類型的人在一起，最舒服，也最開心。

♥ 其次是掌控型情感模式

取悅型和掌控型本身也很契合，唯一有可能會產生不適的是掌控型管太多，這會讓取悅型時刻想要放飛的心無法飛翔。

所以掌控型和取悅型在一起會很舒服，而取悅型則會覺得大部分時間過得舒服，偶爾卻會覺得被過分管束了。

♥ 最後是自虐型情感模式

前文已經說過了，對自虐型來說，取悅型是最佳選擇。但對取悅型來說，自虐型並不是最佳選擇。

因為自虐型的人會像黑洞一樣，一直吸取能量，而他又不太願意給你情緒的回饋。

也就是說，不開心的時候他要你猜，開心的時候也不告訴你。對取悅型的人來說，讓他付出其實沒問題，但不給他回饋和評價，簡直就要了他的命。

所以取悅型在面對自虐型時，就像是面對一個喜怒無常的上司，你冷暖自知。

人生的AB面

人為什麼會喜歡上一個明明不合適的人？因為這個人滿足的是你的情緒需要，而不是滿足你的真實需要。

在這裡要提出最後一個問題。

那就是同樣一種情感模式，為什麼你就能選對人，而我就選不對人呢？

譬如同樣是享受型，為什麼我會去選享受型的人，而你就選擇了一個取悅型的人呢？

為什麼我明明知道一個取悅型的人適合我，但我偏偏沒辦法喜歡呢？

我們今天要講一個全新的理論——人生的AB面理論。什麼叫人生的AB面理論？

人為什麼會喜歡上一個明明不合適的人？因為這個人滿足的是你的情緒需要，而不是滿足你的真實需要。

滿足情緒，需要的是什麼呢？是你從開心裡面找結果。

滿足真實需要，指的是什麼呢？你從結果裡面找開心。

你肚子不餓，但看到一個影片裡的東西很好吃，你覺得太美味了，一定要吃，所以你就買了。這是滿足你的情緒需要。而你餓了，然後從外送列表裡找到你平時最喜歡吃的東西，吃到嘴裡很美味，這叫真實需要。

這就是因為快樂而選擇，或者是因為選擇而快樂的區別。**因為快樂而選擇，在我們的生活裡，這被稱之為喜歡。而因為選擇而快樂，這在生活裡，被稱之為需求。**

如果一個人的情感模式是固定的話，那麼你會發現他的情感需求是固定的。如果一個人是自虐型，他就需要有人哄他，需要有人寵他，需要有人能夠瞭解他的心情變化，對嗎？這個是固定的，它是不會變的。

但是什麼是會變的呢？喜歡是可以改變的。

為什麼喜歡是可以改變的呢？情緒是可以受到控制，並可以透過改變認知的方式來改變的。

大家會發現，隨著年齡的增長，以前能讓你開心的事情現在不能讓你開心了，以前不能讓你開心的事情現在可能讓你開心。為什麼？這是因為你的情緒需求發生了改變。

所以我們首先提出一個概念：需求是常量，喜歡是變數。

每一個人的生活需求，在一段長時間內是常量，它是不變的。人們需要一種模式來對待自己，才能感覺到舒服，它也是常量。

但喜歡是變數。一個人到底會喜歡什麼，什麼會讓他開心，什麼讓他覺得浪漫，這些都是變數，所以說喜歡是可變的。

當我們知道需求才是一輩子的話，或者需求才是長久的話，那麼問題就來了。人人都知道需求是一輩子的，人人都知道自己需要的人是什麼樣的，那為什麼人們又不去找滿足需求的那個人，也就是那個對的人呢？

太多太多人明知自己的需求是什麼，但還是會去找自己喜歡的人。或者有些人，年輕的時候會去尋找喜歡的人，年紀大了反而會

去尋找真正的需求。

因為每個人都有人生的A面階段和B面階段，這就是人生的AB面。

人生的A面階段和B面階段分別是什麼呢？

A面階段叫滿足情緒階段。

大部分人的人生裡面都會有這樣的一個階段，叫滿足情緒階段。在這個人生階段裡，情緒滿足對你來說是至關重要的。在你眼裡，哪些東西很重要。譬如吸引很重要，激情很重要，感覺很重要，承諾很重要，心跳很重要，讓自己的負面情緒得到安撫很重要。

比如某天，我接到一個電話，某位女士說她的男人出軌了，而且是多年內連續出軌。我們自然希望引導她去追尋自我，追求獨立。所以開始問她，現階段最想要的是什麼。

誰料到，某女士說，她現在最想要的是這個男人給她一個擁抱。

這就是個典型的人生A面的階段。如果按需求來說，她應該不喜歡男人出軌，或者乾脆就不要這個男人，放棄這段婚姻，這才是滿足需求的做法。

但她要的卻是這個出軌丈夫的一個擁抱，她想要的，是滿足自己當時的情緒。

因為她有負面情緒，得到了這個擁抱，負面情緒也就被安撫了，她的情緒就緩和了。這是典型的人生的A面階段，情緒滿足對她來說更重要。

當一個人處在人生A面的情緒滿足階段，為了滿足自己的情緒，會做很多非理性的事情。

那麼什麼樣的人會讓人感覺到情緒滿足，感覺到喜歡呢？在人格投射當中，會去喜歡和自己同樣類型或者矛盾的類型。比如說自虐型情感模式的女性會喜歡那種沉默寡言、神秘文藝、內心糾結的男人，或者喜歡那些男人味十足、掌控欲很強的男人。

她們總是喜歡這樣的男人。為什麼？因為她們會覺得情緒滿足，情緒滿足帶來的吸引力讓你覺得這樣的男人很有魅力，魅力也是一種情緒滿足。

覺得這樣很有魅力，很喜歡他。但是等到戀愛過程中，你才發現原來這個男人也是自虐型情感模式或者掌控型情感模式，然後你們就開始吵架。吵架的時候你會發現，一開始你們是一見鍾情，怎麼在戀愛過程中就變得如此艱難了？

就像我曾接到一個電話，是我們的一個會員粉絲打過來的。她說她跟一個男人一見鍾情。這個男人是個藝術家，為她寫詩，跟她詩詞應答，跟她去看各種書，陪她到處旅遊，讓她覺得很舒服，感

覺很好。她就覺得自己是一見鍾情，因為對方太有魅力了。

但在相處過程中，她發現這個男人出軌了，也不理她，連和她戀愛都不承認，也不給她關於未來的任何承諾。所以她就跑來跟我說，戀愛好難啊，我該怎麼辦？

其實，這並不是戀愛難，而是她一直處於自己人生的A面。她所有的喜歡和浪漫，都是在滿足她的情緒，所以選了一個跟她衝突的情感模式。最後發覺，自己需要的根本不是這個，但還是深陷其中，難以自拔。

那回到之前的問題，為什麼有些人一開始就能選對？

因為有些人一開始選的就是滿足自己需求的，因為他一直處於**人生的B面階段，也就是需求滿足階段。**

在需求滿足階段，情緒滿足已經不再重要了，需求滿足才更重要。

有些女生，你會發現她很冷靜、很理智，男人對她的關心，她是可以感知的。但她同時也知道，這種關心是不可能持久的。她會在乎和這個男人從生活方式、價值觀，到物質條件等，是不是可以長時間地保持契合。

處於人生B面階段的人，會讚揚一個人長得好看或者非常有魅力，但他並不會因為一個人好看或者有魅力，就和這個人在一起。

處於人生B面階段的人，會更加實際地考察各個方面，尤其是

情感模式的契合程度。從一開始的舒服，到長時間的驗證，再到生活裡的確認。他會一層一層地考量，從不輕易地做決定。

人生的B面階段當然也會有喜歡，沒有喜歡就沒有愛情，但他們不會被激情衝昏頭。當激情來臨的時候，他們反而會更加冷靜。他們知道自己必須要等情緒消退之後，再做選擇。

絕大多數人都會有A面和B面，但也不是全部。有些人一輩子都停留在人生A面，就算到了五六十歲，都是處在情緒滿足之中。

所以，有些人不一定會因為年紀增長而主動切換人生階段。但也有一些人，從小他就在B面，基本上就沒有過A面，沒有滿足過他的情緒需要，更多的是滿足實際需求。

一般來講，處於人生B面階段的戀愛會更容易一些，而人生A面階段的戀愛更艱難一些。

短期來看，人生A面階段的戀愛更幸福。短期短到什麼程度呢？差不多幾個月。幾個月之內，人生A面階段戀愛的幸福度要遠遠大於人生B面階段的戀愛，他們彷彿整天都沉浸在各種幸福的感覺中。

B面階段的戀愛更難進入，需要磨合，但更長久。

男性情感模式測驗

男性版的情感模式測驗共有五道題目。

被自己喜歡的女生拒絕了,你會怎麼做?

A. 繼續追求,不折不撓,一定要追到不可。

B. 隔一段時間再主動一下,看看她到底有沒有什麼變化。

C. 立刻離開,絕不騷擾。

D. 平時不煩她,但這個女生有什麼召喚,就立刻出現,也就是當備胎。

你和家人或者戀人一起住的時候,會不會做家事?

A. 基本上是不做的,但是希望家裡保持乾淨整齊。

B. 不怎麼在意家事的狀況，家裡面就算有點小髒小亂也無所謂。

C. 自己可以做一點，但是有時候會抱怨幾句，有時候希望兩個人可以一起做。

D. 經常做家事。

Q3 人生最重要的那些決定，由誰來做？

這個涉及層面比較廣，比如說大學畢業之後，找什麼樣的工作，要不要跳槽，是否要和女友繼續交往，要不要買房，或者要不要買車，買什麼樣的車，等等。重要決定事關你的人生大事，甚至有可能改變你的一生，這叫重要決定。那麼，這些重要決定是由誰來做？

A. 成年之後，最重要的決定基本上是由自己來做。

B. 大部分的重要選擇都是聽父母的，甚至於聽另一半的。

C. 聽了父母或者另一半的建議之後，會猶豫糾結，會被他們的意見所動搖，要想很久。

D. 會考慮父母或者另一半的感受來做決定。

Q4

另一半與你發生了爭執，這個時候，你會怎麼做？

A. 當面說，而且不斷地說，說到對方聽為止，或者是用盡方法來說服對方。

B. 可能就說幾句，說幾句如果對方不聽就算了。

C. 不直接說，用譏諷或者說反話的方式表達自己的想法。

D. 盡量壓制自己的情緒，聽對方的。

Q5

如果你要拒絕一個你不喜歡的女生，會用什麼方式？

A. 直接說，速戰速決。

B. 逃避，盡量不見面、不交流。

C. 害怕傷害對方，用暗示的方法。

D. 猶豫不決，開不了口，不知道該怎麼辦。

有人認為B和D很像，其實不然。B是逃避、盡量不見面、不交流，逃避是一個動作，我既不跟你見面，也不讓你聯繫到我。D是我不知道該怎麼辦，你來找我，我也跟你說話，我也見你，但會猶豫不決。

♥ 測驗解答

男生版情感模式的測試和女生版的對照是相同的。

有三個或三個以上的Ａ，是掌控型情感模式。

有三個或三個以上的Ｂ，是享受型情感模式。有三個或三個以上的Ｃ，是自虐型情感模式。有三個或三個以上的Ｄ，是取悅型情感模式。

這本書收尾的那一天，陪伴我十三年的愛寵錢多多閉上了眼睛，回到汪星球去了。

十三年前，我寫第一本書《潛伏在辦公室》時，錢多多來到我身邊，從此以後，再也沒長時間地分離過。它安安靜靜地躺在我的腿上，陪我寫下了九本書。

之後，陪我寫書的或許還有其他寵物，但都不是錢多多了。

錢多多是一隻棕色的貴賓犬，很常見。貴賓犬是極其聰明又黏人的，而且很沒有安全感，遇見風吹草動就會大聲吼叫。

幼年期的錢多多也是這樣，鬧騰、焦躁、不能離人。但成年之後，錢多多卻慢慢地安靜下來，在生活裡並不會過度激動，也不會拆家闖禍。

這可能和教養的方式有關。

對錢多多的教養，我會給它廣泛的生存安全感，同時會有尺度的教育，讓他經常明白有什麼事情是不能做的。而更重要的是，我家的氛圍一直很平靜，大喜、大悲、大驚、大怒的情緒，不會在日常中被觀察到。

寵物犬的觀察模仿能力是很強的，在情緒波動比較大的家庭裡成長，它也會變得焦躁而失去控制。但如果在平靜的家庭裡成長，會順理成章地更溫和安靜一點。

寵物犬都會因為生活環境而塑造成不同的性格，更何況是人類呢？

所以原生家庭帶來的一系列問題，近幾年越來越被重視。我們透過對華人原生家庭的研究，可以找出各種長在我們身體裡的東西。

無論是性格、情感模式、情緒，還是三觀，這些東西，都是核心家庭賦予我們的，都是父母、親人一點一滴影響我們的。

但對於原生家庭問題的討論，我們卻慢慢陷入了一種令人絕望的境地。很多人認為，自己人生裡的一切毛病，都是原生家庭的錯，或者更極端一點，都是父母的錯。

很多人覺得，自己的痛苦，都是因為沒有一個好的原生家庭。人生過得不好，是父母的錯。戀愛談不好，是父母的錯。遇人不淑要離婚，還是父母的錯。

這幾天我在思考，如果錢多多並沒有生活在我的身邊，牠會變成一隻什麼性格的狗呢？可能會暴躁，可能會不乖，可能會始終充滿不安全感。但在不同的性格裡，牠依然會度過自己十幾年的生活，並不會後悔來過。

牠會不愛牠的家人？牠會討厭和人相處嗎？牠會拒絕去接受這個世界嗎？牠會對人世間的一切充滿仇恨嗎？

我覺得不會的，無論錢多多在什麼樣的家庭裡生活，都會活成

某種充滿愛，並且充分信任自己家人的樣子。因為這是刻在牠靈魂裡的東西，愛是一切的答案。

所以當人們越來越重視原生家庭問題的時候，我想告訴你們的是：**原生家庭塑造了我們，但並不會決定我們。**

在這本書裡，我一再表達這個觀點。

原生家庭在我們的心裡種下某顆種子，這顆種子在各種情感連結中成長，最後長成了屬於每個人獨特的情感模式。

愛的基因，自家庭而來。但最後會長成什麼樣，依然是由我們自己決定的。由我們經歷過的溫暖、感動、傷害，及一次次的促膝長談、長夜的痛哭來決定。

每個人身上都有可愛之處，也有讓人切齒的討厭之處。脾氣好的人，不一定過得好，而粗魯暴躁的人，也能獲得真愛。我們如果放棄用臉譜化和極端化的習慣來看待人的本性，就會發覺，其實在性格與性格之間，並不應該以好壞來區別，而是一段段因為不同連接而帶來的不同回饋。有些會天然吸引，有些會天然排斥，有些吸引之後卻相愛相殺，這和性格本身的好壞沒有關係，只是不同的配對和連接方式而已。

我們無法選擇出生在什麼樣的家庭，一切都是命運。

但我們要建立怎樣的核心家庭，不應該再交給命運。我們愛

上什麼樣的人，和什麼樣的人生活，去教養什麼樣的孩子，這些事情，都不應該再交給命運。

　　如前面我提到的，在我寫完這本書的那天，陪伴我十三年的錢多多離開了。牠在我的懷裡，停止了心跳，安安靜靜的，毫無波瀾地回汪星去了。

　　在和牠相處的每一天裡，我都能感受到牠滿滿的愛，而這種愛，讓牠笑著過完了十三年。

　　我想牠是不會後悔的，雖然它在這個世界上生活的時間，只是這短短十幾年，但牠已經做到了自己能做的全部，那就是去充分地熱愛這個世界，去熱愛那些愛牠的人。

　　我的狗都能做到的事情，為什麼人類反而做不到呢？愛你們，願你們都好。

陸琪

優生活 186

重設戀愛腦：

享受型、自虐型、取悅型還是掌控型？
測出你的情感模式，擺脫渣男吸塵器的體質！

作　　　者 —— 陸琪
副 主 編 —— 朱晏瑭
封面設計 —— 李佳隆
內文設計 —— 林曉涵
校　　　對 —— 朱晏瑭
行銷企劃 —— 蔡雨庭

第五編輯部總監 —— 梁芳春
董 事 長 —— 趙政岷
出 版 者 —— 時報文化出版企業股份有限公司
　　　　　　　108019 臺北市和平西路 3 段 240 號
　　　　　　　發 行 專 線 —— (02)23066842
　　　　　　　讀者服務專線 —— 0800-231705、(02)2304-7103
　　　　　　　讀者服務傳真 —— (02)2304-6858
　　　　　　　郵　　　　撥 —— 19344724 時報文化出版公司
　　　　　　　信　　　　箱 —— 10899 臺北華江橋郵局第 99 信箱
時 報 悅 讀 網 —— www.readingtimes.com.tw
電子郵件信箱 —— yoho@readingtimes.com.tw

法律顧問 —— 理律法律事務所 陳長文律師、李念祖律師
印　　　刷 —— 勁達印刷有限公司
初版一刷 —— 2022 年 9 月 30 日

定　　　價 —— 新臺幣 360 元
（缺頁或破損的書，請寄回更換）

時報文化出版公司成立於 1975 年，並於 1999 年股票上櫃公開
發行，於 2008 年脫離中時集團非屬旺中，以「尊重智慧與創
意的文化事業」為信念。

ISBN 978-626-335-955-0　　Printed in Taiwan

重設戀愛腦：享受型、自虐型、取悅型還是掌控型?測出
你的情感模式,擺脫渣男吸塵器的體質/陸琪作. -- 初版. --
臺北市: 時報文化出版企業股份有限公司, 2022.09
面；　公分

ISBN 978-626-335-955-0(平裝)

1.1.CST: 戀愛 2.CST: 戀愛心理學 3.CST: 兩性關係

544.37　　　　　　　　　　　　　　111014719